Zur Reform

des

deutschen Strafen- und Gefängniswesens.

Von

Dr. P. F. Aschrott,
Amtsrichter.

Berlin und Leipzig.
Verlag von J. Guttentag
(D. Collin).
1887.

Sonderabdruck aus
„Zeitschrift für die gesamte Strafrechtswissenschaft"
Band VIII, Heft 1.

I.

Die Reichsgesetzgebung hat uns ein gemeinsames Strafrecht und eine gleiche Strafprozeßordnung für ganz Deutschland gebracht. Zur Herstellung der dringend wünschenswerten Einheitlichkeit auf strafrechtlichem Gebiete fehlt aber noch ein deutsches Strafvollzugsgesetz. Welchen Wert hat die Gleichheit der Strafnormen und die Übereinstimmung des prozessualen Verfahrens, wenn die erkannte Strafe in ihrer Vollstreckung eine verschiedene Gestalt in den einzelnen Staaten annimmt, ja innerhalb desselben Staates Preußen zu einer andern wird, je nachdem die Anstalt, in welche der Sträfling gebracht wird, vom Ministerium des Innern oder vom Justizministerium ressortiert?

So aber steht es in der That in Deutschland. Von dem rein zufälligen Umstande, wo die Strafe zur Vollstreckung gelangt, hängt es ab, ob die Strafe in Einzelhaft oder in Gemeinschaftshaft besteht, ob der Sträfling zu angestrengter Arbeit angehalten wird oder nicht, wie er beköstigt wird, welchen Disziplinarvorschriften er unterliegt, in welchem Umfange die vorläufige Entlassung zur Anwendung kommt u. s. w. Soweit das Strafgesetzbuch über diese Fragen überhaupt Bestimmungen enthält, sind dieselben nur ganz allgemein gehalten und lassen für die praktische Gestaltung einen überaus weiten Spielraum, welcher eben in der allerverschiedensten Weise ausgefüllt wird.

Daß dieser Zustand auf die Dauer unhaltbar ist und daß ein deutsches Strafvollzugsgesetz zu den dringendsten Aufgaben unsrer Gesetzgebung gehört, darüber besteht wohl unter Sachverständigen kein Zweifel. Die Meinungsverschiedenheiten beginnen erst bei der Frage, wie denn nun der Strafvollzug gesetzlich gestaltet sein soll.

Die Ansichten hierüber haben sich noch nicht so weit geklärt, um auch nur mit einiger Bestimmtheit voraussagen zu können, für welche Vorschläge auf die Zustimmung einer Majorität der Sachverständigen zu rechnen ist.

Zu der hiernach für die gesetzgebenden Faktoren vorhandenen Schwierigkeit tritt nun aber noch eine weitere hinzu: die Unzufriedenheit mit den bestehenden Einrichtungen zur Bekämpfung des Verbrechertums beschränkt sich nicht auf das Gefängniswesen. Immer lauter und lauter werden die Stimmen vernehmbar, welche eine Änderung unseres gesamten Strafenwesens verlangen. Hier wird die Stellung der Freiheitsstrafen in dem Systeme des deutschen Strafgesetzbuchs angegriffen, dort über zu große Milde der Richter bei der Abmessung der Strafen geklagt, dort neue Strafmittel oder Verschärfung der bestehenden gefordert. Wer die diesbezügliche Litteratur der letzten Jahre verfolgt hat, muß zu der Überzeugung kommen, daß von der Mehrzahl der Sachverständigen das praktische Endresultat der heutigen Strafrechtspflege als ein durchaus unbefriedigendes angesehen wird.[1]) Es entsteht somit für die gesetzgebenden Faktoren die Frage, ob nicht mit der gesetzlichen Regelung des Strafvollzugs Abänderungen des Strafgesetzbuchs Hand in Hand gehen sollten.

Von dem Gedanken ausgehend, daß für die Beantwortung der hiernach in Deutschland der Lösung harrenden Fragen eine Kenntnis der diesbezüglichen Einrichtungen des Auslands von Wert sein muß, habe ich in meinem Buche „Strafensystem und Gefängniswesen in England. Berlin u. Leipzig. J. Guttentag 1887" auf Grund im Lande selbst gemachter Studien eine umfassende Darstellung davon zu geben versucht, in welcher Weise der Kampf gegen das Verbrechertum in England geführt wird und welche Erfahrungen im Laufe der Zeit mit den einschlägigen Institutionen gemacht worden sind.

Ich habe dabei absichtlich jede Schlußfolgerung, was wir hieraus für Deutschland entnehmen könnten, unterlassen, weil es mir zunächst darauf ankam, die bis dahin in Deutschland nur wenig bekannten englischen Einrichtungen in durchaus objektiver Weise zur

[1]) Zu diesem Schlusse gelangt auch von Holtzendorff in seiner, im Gerichtssaal Bd. XXXIX. Seite 1—35 jüngst veröffentlichten Abhandlung: „Die Richtungen des Strafvollzugs und der gegenwärtige Stand der sachverständigen Meinungen."

Darstellung zu bringen. Schlußfolgerungen bezüglich der Übertragung dieser Einrichtungen nach Deutschland beruhen auf persönlichen Anschauungen über die deutschen Einrichtungen und darüber, was daran einer Änderung bedarf; sie sollten deshalb von der Darstellung der Verhältnisse in England getrennt werden, um den objektiven Charakter dieser Darstellung nicht zu gefährden. Ich versprach aber in dem Vorworte meines Buches, nachdem ich das Material zu einer richtigen Beurteilung der englischen Einrichtungen geliefert hätte, dasselbe in einer besonderen Arbeit für Deutschland zu verwerten.

Dies Versprechen will ich jetzt einlösen. Ich will im Anschlusse an mein Buch, aber unter Heranziehung auch anderweitigen Materials meine Ansichten darlegen, nach welcher Richtung und in welcher Weise die in Deutschland für den Kampf gegen das Verbrechertum bestehenden Einrichtungen einer Änderung bedürftig erscheinen.

Es können dabei zwar theoretische Erörterungen über den Zweck des Strafrechts und der Strafmittel nicht ganz umgangen werden, allein diese Erörterungen sollen doch nur ganz kurze und mehr oder weniger aphoristische sein. Ich werde ferner auch die Detailfragen des Gefängniswesens nur mit wenigen Worten berühren. Bei der Menge der Fragen, welche hier zur Erörterung gelangen müssen, ist eine Beschränkung in dem Umfange der Erörterungen unbedingt geboten, wenn nicht die Abhandlung allzusehr anschwellen und damit gleichzeitig das Interesse an derselben gemindert werden soll.

Die deutsche Literatur ist an theoretischen Behandlungen von Strafrechtstheorieen bereits überreich und auch die einzelnen Zweige des Gefängniswesens haben von Praktikern bereits in hinreichendem Maße eingehende Erörterung erfahren. Das Interesse an all diesen Arbeiten ist jedoch immer nur auf einen kleinen Kreis von Fachgenossen eingeschränkt geblieben. Bei der augenblicklichen Lage der Sache erscheint es mir aber vor allem von Wichtigkeit, größere Kreise der Bevölkerung für die hier zu behandelnden Fragen zu interessieren. Nicht meine persönliche Neigung, sondern lediglich die Rücksicht auf die Teilnahme weiterer Kreise[2]) soll deshalb für den

[2]) Aus diesem Grunde ist auch von einem Citieren der einschlägigen Litteratur Abstand genommen worden. Wenn bei jedem Punkte hätte angegeben werden sollen, inwieweit meine Ansicht mit derjenigen eines andern Autors übereinstimmt oder von derselben abweicht, so hätte dies unbedingt eingehende kritische Ausein-

Umfang der nachstehenden Erörterungen maßgebend sein, selbst unter der Gefahr, daß ich dadurch das Mißfallen der Strafrechtstheoretiker errege und anderseits auch die Gefängnispraktiker nicht voll befriedige.

II.

Professor Dr. von Liszt hat das Wesen der Strafe in prägnanter Weise dahin angegeben: Strafe ist Rechtsgüterschutz durch Rechtsgüterverletzung. An diese Charakterisierung der Strafe sollen die nachfolgenden Betrachtungen angeknüpft werden, weil hier in besonders deutlicher Weise der Zusammenhang zum Ausdrucke gelangt ist, welcher zwischen dem Zwecke des Strafrechts und den Mitteln, durch welche diesem Zwecke genügt wird, besteht.

Der Zweck des Strafrechts ist der Schutz der bestehenden Rechtsordnung gegenüber der durch die strafbare Handlung bethätigten Nichtanerkennung ihrer Normen. Wer rechtlich geschützte Güter des einzelnen oder der Allgemeinheit in bestimmter Weise angreift und dadurch die Lebensbedingungen des Staates, der Gesellschaft oder eines Individuums gefährdet, wird nach Maßgabe des Strafgesetzes dafür bestraft. Die Strafe selbst aber besteht in der Zufügung eines Übels, indem dem Übertreter des Gesetzes gerade solche Güter genommen werden, welchen der Staat durch das Strafrecht einen besonderen Schutz angedeihen läßt (Leben, Freiheit, Ehre, Vermögen).

Aber nicht nur dem Übelthäter wird durch die Strafe ein Gut entzogen; die meisten Strafen bringen gleichzeitig einen Verlust für die Gesamtheit mit sich. Sehen wir von den Ehrenstrafen, welche ja nur als Nebenstrafen erkannt werden können, und von dem Verweise, welcher als eine nur bei Jugendlichen zulässige Ausnahmsmaßregel besonderer Betrachtung zu unterziehen ist, ab, so enthält jede Strafe mit alleiniger Ausnahme der Geldstrafe eine direkte Schädigung des Nationalvermögens. Jede Hinrichtung vernichtet den aufgespeicherten Wert eines Menschenlebens, jede Freiheitsentziehung bringt materielle Verluste mit sich: es ist noch nirgends gelungen, die Arbeitskraft der Sträflinge so auszunutzen, daß dadurch die Kosten des Gefängniswesens gedeckt würden; und selbst wenn dies gelingen sollte, so bleibt doch weiter zu bedenken,

---

andersetzungen mit sich geführt, welche nach der ganzen Richtung dieser Arbeit zu vermeiden waren. Ich möchte mich aber ausdrücklich dagegen verwahren, daß aus diesem Nichtcitieren eine Geringschätzung der bezüglichen Arbeiten gefolgert würde.

daß der Sträfling bisher durch seine Arbeit nicht nur sich selbst, sondern regelmäßig auch eine Familie ernährt hat, welche in sehr vielen Fällen, ihres Ernährers beraubt, der öffentlichen Unterstützung anheimfallen muß. Durch die Geldstrafe wird direkt ein Vermögensverlust nicht hervorgerufen, aber indirekt führt bei der großen Zahl der wenig Bemittelten unter den Übelthätern auch die Geldstrafe vielfach eine Schädigung des Nationalvermögens mit sich, indem demjenigen, welchem eine relativ hohe Geldstrafe auferlegt wird, dadurch möglicherweise die Mittel entzogen werden, seine Arbeitskraft in der bisherigen, für ihn vorteilhaftesten Weise zu verwerten.

Aus der vorstehenden Betrachtung ergeben sich Schlüsse nach dreifacher Richtung:

1. Für die Strafrechtspolitik: Es ist die größte Ökonomie bei Androhung von Strafen geboten. Soweit hinlänglicher Schutz der Rechtsordnung durch andre strafähnliche, aber mehr polizeiliche Maßregeln möglich erscheint, ist von einer eigentlichen Strafe Abstand zu nehmen. Nur solches Unrecht ist von seiten der Gesetzgebung unter Strafe zu stellen, welches eine derartige Gefährdung der allgemeinen Lebensbedingungen enthält, daß eine Abwehr durch Strafe unbedingt erforderlich ist.

2. Für die Strafmittelpolitik: Unter den verschiedenen Strafmitteln ist stets demjenigen der Vorzug zu geben, welches die geringste Schädigung des Nationalvermögens mit sich bringt, vorausgesetzt, daß die Strafe dabei den Charakter eines der Schwere des Verbrechens entsprechenden Übels behält. Deshalb, soweit Geldstrafe ausreicht, keine Freiheitsstrafe, weil die letztere stets neben dem Übel für den Gesetzesübertreter auch einen Nachteil für die Allgemeinheit mit sich führt.

3. Für die Strafvollzugspolitik. Es ist darauf Rücksicht zu nehmen, daß der Bestrafte durch die Strafe möglichst wenig in seinen Erwerbsverhältnissen geschädigt wird, daß er ein nützliches Glied der bürgerlichen Gesellschaft bleibt, ja daß er durch die Strafverbüßung, sofern nur dadurch der Charakter der Strafe als eines Übels nicht leidet, zu einem besseren, nützlicheren Staatsbürger gemacht wird, als er vorher war. Es enthält nicht nur eine Ungerechtigkeit gegen den Gesetzesübertreter, sondern die Allgemeinheit leidet darunter, wenn die Strafe auch nach ihrer Verbüßung noch nachteilige Folgen auf die Erwerbsverhältnisse des Bestraften äußert.

Es sei mir gestattet, auf die einzelnen Punkte noch etwas näher einzugehen.

ad 1.

Professor Wahlberg hat mit Recht einmal gesagt: „Nichts kommt dem Staate so teuer, als das Verbrechen; der Dieb, der 1 Gulden entwendet, kann der Gesamtheit 100 an Kosten verursachen." Man denke zunächst an den Aufwand von Zeit und Mühe, welcher durch die Strafverfolgung für die Polizei, für Richter und Zeugen entsteht. Dazu kommen die baren Kosten der Strafvollstreckung, welche dem Staate zur Last fallen, ohne daß in den meisten Fällen an einen Ersatz derselben durch den Bestraften gedacht werden kann. Schließlich tritt vielfach noch die schon hervorgehobene Schädigung der Arbeitskraft des Bestraften hinzu.

Ohne zwingende Gründe darf der Staat all diese Nachteile nicht auf sich nehmen. Treffend ist der Ausspruch Professor von Iherings „Die Strafe in der Hand des Staats ist ein zweischneidiges Schwert; bei verkehrtem Gebrauch kehrt sie ihre Spitze gegen ihn selbst." Es ist eine Pflicht des Staates, sich nach einer andern Waffe umzusehen, um minder erheblichen Gefährdungen der Rechtsordnung entgegenzutreten.

Und ich glaube, es besteht die Möglichkeit, ohne ein kostspieliges Strafverfahren und mit erheblich geringeren Nachteilen, als sie eine Strafe mit sich bringt, die allgemeinen Lebensbedingungen zu schützen; nämlich in der Institution der Friedensbürgschaft des englischen Rechts. Sicherlich müßte diese Institution bei ihrer Einführung in Deutschland den deutschen Verhältnissen entsprechend umgestaltet werden und es ist hierauf unten noch des näheren zurückzukommen. Nur dem theoretischen Einwande, daß diese Institution polizeiliche und strafrechtliche Gesichtspunkte vermische und dem Wesen der Strafe nicht entspreche[3]), sollten hier Zweckmäßigkeitsgründe entgegengesetzt werden, welche überall im Strafrechte Beachtung verdienen und welche dahin führen, eigentliche Strafe nur dann und nur insoweit eintreten zu lassen, als dies zum Schutze der Rechtsordnung unbedingt erforderlich ist, und im übrigen strafähnlichen, für die Gesamtheit weniger nachteiligen Maßregeln den Vorzug zu geben.

---

[3]) cf. von Buri in der Zeitschrift f. d. gesamte Strafrechtswissensch. Bd. IV. Seite 171 und die Verhandlungen des norddeutschen Reichstages 1870, III. Seite 96 ff.

ad 2.

Die Strafe besteht ihrem Wesen nach in der Zufügung eines Übels; sie muß ein Übel nach der allgemeinen Auffassung aller sein, und sie muß sodann auch dem Bestraften selbst als ein Übel erscheinen. Das Erste ist notwendig, damit die Strafandrohung eine wirksame sei, damit schon durch die Strafandrohung möglichst von der Begehung von Verbrechen abgehalten werde; das Zweite folgt aus dem Prinzipe der Gerechtigkeit, welche verlangt, daß der Übelthäter in einer für ihn empfindlichen Weise bestraft wird. Es würde dem Prinzipe der Gerechtigkeit nicht entsprechen, denjenigen, welcher ein Delikt — etwa das Zerschlagen einer Spiegelscheibe — in der ausdrücklichen Absicht begangen hat, für die kalte Winterzeit ein Unterkommen im Gefängnisse zu finden — ein leider gar nicht seltener Fall! — mit derselben Strafe zu belegen, wie denjenigen, welcher eine gleiche That in einem Augenblicke der Aufwallung beging. Was der letztere als eine harte Strafe empfinden würde, das erscheint dem ersteren gar nicht als ein Übel, sondern als etwas Begehrenswertes.

Bei der vom Richter erfolgenden Straffestsetzung ist ganz in derselben Weise wie bei der vom Gesetze gegebenen Strafandrohung ein objektives und ein subjektives Moment zu unterscheiden. Der Gesetzgeber bestimmt Maximum und Minimum der Strafe nicht nur nach dem Werte des angegriffenen Rechtsgutes, sondern auch nach der Art der Ausführung des Verbrechens und der sich hieraus wie aus persönlichen Verhältnissen (insbesondere Rückfälligkeit) ergebenden Gefährlichkeit des Thäters. Der Richter hat bei Ausfüllung des ihm vom Gesetze gegebenen Strafrahmens neben diesen vom Gesetze schon berücksichtigten Momenten weiter in Betracht zu ziehen, welche Strafe für das einzelne Individuum als ein der Gerechtigkeit entsprechendes Übel erscheint. Er muß es einerseits vermeiden, auf eine Strafe zu erkennen, welche der Bestrafte als ein Übel nicht empfindet und welche aus diesem Grunde zwecklos ist, und anderseits darf er auch nicht auf eine Strafe erkennen, die nutzloserweise neben dem Übel, welches dem Bestraften zugefügt wird, noch Nachteile für die Gesamtheit mit sich bringt; d. h. unter Berücksichtigung des oben Ausgeführten, der Richter soll nicht auf Freiheitsstrafe erkennen, wo eine Geldstrafe schon als genügendes Übel empfunden wird.

Zur Erörterung der Frage, ob und inwieweit nach den vorstehenden Betrachtungen das deutsche Strafenwesen einer Reform bedürftig ist, erscheint es zweckmäßig, 3 Punkte voneinander gesondert zu halten.

a) Sind die Strafmittel des deutschen Strafgesetzbuchs an sich genügend? Die Frage zerfällt in die beiden Unterfragen: Bedürfen diese Strafmittel einer Abänderung, um sie als zweckmäßige sowie der Gerechtigkeit entsprechende Strafübel erscheinen zu lassen? und ferner: Sind neue Strafmittel einzuführen?

Was die bestehenden Strafmittel anbetrifft, so bedarf nur die Freiheitsstrafe und die Geldstrafe einer Erörterung, die Todesstrafe tritt ja nur in wenigen Ausnahmefällen ein.

Bezüglich der Freiheitsstrafe kann es als die von der Mehrzahl der Sachverständigen geteilte Überzeugung ausgesprochen werden, daß diese Strafe in ihrer heutigen Gestalt für viele Bestrafte den Charakter eines Übels nicht besitzt und daß deshalb für derartige Fälle die Möglichkeit einer Strafschärfung gegeben werden muß. Als Strafschärfungen kommen vor allem in Betracht: körperliche Züchtigung, Schmälerung der Kost und Anhalten zu schwerer angestrengter Arbeit („Strafarbeit"). Für all diese Fragen ist aus den englischen Verhältnissen lehrreiches Material zu entnehmen.

Bezüglich der Geldstrafe erscheinen gesetzliche Änderungen nicht weniger notwendig, um dieselbe zu einem zweckmäßigen Strafmittel zu gestalten. Der Fall ist heutigen Tages nicht selten, daß der Richter bloß aus dem Grunde auf eine Freiheitsstrafe erkennt, weil er sich durch die Bestimmungen der §§ 27—29 des Strafgesetzbuchs behindert fühlt, auf eine so hohe Geldstrafe zu erkennen, wie sie nach den Vermögensverhältnissen des zu Bestrafenden erforderlich erscheint, um von dem letzteren als wirkliches Strafübel empfunden zu werden. Auf der andern Seite ist es dem Unbemittelten vielfach unmöglich, seine That durch eine Geldstrafe zu sühnen, weil er die erforderliche Summe nicht auf einmal und binnen kurzer Zeit zusammenbringen kann, er wandert in das Gefängnis und kommt leicht in die Versuchung, seine Strafe für eine ungerechte, für eine Folge seiner Armut zu halten. Es erscheint nicht richtig, daß bei einem Vergehen, für welches der Richter das mindeste Strafmaß für angezeigt hält, der Millionär mit der für ihn gar nicht fühlbaren Strafe von höchstens 15 Mark davonkommt, während der arme Arbeitsmann mindestens 3 Mark zahlen soll, für deren Entrichtung ihm nur ausnahmsweise und dann auf ganz kurze Zeit ein

Aufschub von der Strafvollstreckungsbehörde erteilt wird. Die englischen Einrichtungen dürften auch bei einer Reform der Geldstrafe der Beachtung wert sein.

Als neu einzuführende Strafen werden von manchen die Deportation und die körperliche Züchtigung empfohlen. Die erstere Strafe hat bis vor nicht langer Zeit in England bestanden und die mit diesem Strafmittel in England gemachten Erfahrungen erscheinen besonders lehrreich. Die körperliche Züchtigung besteht noch heute in England als Strafmittel. England hat sodann noch besondere Strafmittel gegen jugendliche Verbrecher, welche wohl den Vorzug vor den diesbezüglichen deutschen Einrichtungen verdienen. In Deutschland ist bekanntlich die Zahl der jugendlichen Verbrecher eine erschreckend große[4]), und es dürfte kaum einem Zweifel unterliegen, daß hier Reformen nötig sind, um dem Verbrechertum die immer neue Rekrutierung abzuschneiden.

b) Ist dem Richter nach deutschem Rechte genügend freier Spielraum bei der Zumessung der Strafe gelassen, um stets auf diejenige Strafe zu erkennen, welche unter Berücksichtigung aller Verhältnisse gerecht und zweckmäßig erscheint?

Ich glaube diese Frage verneinen zu müssen, und zwar auf Grund von Erfahrungen, welche ich als Vorsitzender von Schöffengerichten an drei verschiedenen Orten gemacht habe. Es ist mir mehrfach vorgekommen, daß ich entgegen dem klaren Ergebnisse der Beweisaufnahme ein freisprechendes Urteil habe verkünden müssen, bloß aus dem Grunde, weil die Schöffen — nicht mit Unrecht — der Ansicht waren, daß die gesetzliche Minimalstrafe für den betreffenden Fall zu hart sei, und weil sie es auf eine Umwandlung der Strafe im Gnadenwege nicht ankommen lassen wollten. Lediglich als Beispiel führe ich den § 242 und den § 136 R. St. G. B. an, welche ohne Zulassung einer Geldstrafe eine Gefängnisstrafe androhen.[5]) Es sind stets Fälle gewesen, in welchen nach den konkreten

---

[4]) Nach der Kriminalstatistik für das Jahr 1884 befanden sich unter den Verurteilten 9,1 % Personen, welche noch nicht 18 Jahre alt waren; beim Diebstahle belief sich die Ziffer sogar auf 17,4 %.

[5]) Zwei Fälle seien hier erwähnt: 1. Ein bisher unbescholtener Diener hatte seinem reichen Herrn eine halbgefüllte Flasche Parfum — Werth 50 Pf. — weggenommen und dieselbe seiner Braut geschenkt. Der Herr hatte dies bemerkt, machte aber zunächst keine Anzeige, sondern schimpfte seinen Diener nur gehörig

Umständen die Gefängnisstrafe als eine zu schwere Strafe erschien, während die Schöffen unbedingt bereit gewesen wären, auf eine Geldstrafe zu erkennen.[6]) Ich habe in meinem Buche (S. 26) auf den weiten Spielraum hingewiesen, welcher dem englischen Richter bei Zuerkennung der Strafe gelassen ist, und ich möchte hier dafür plaidieren, daß auch in Deutschland die Machtbefugnisse des Richters in dieser Beziehung erweitert würden, daß ihm insbesondere die Möglichkeit gegeben würde, unter Annahme mildernder Umstände bei allen Vergehen statt auf Gefängnisstrafe auf Geldstrafe zu erkennen.

c) Macht der Richter in Deutschland bei Abmessung der Strafe von dem ihm gelassenen Spielraum den richtigen Gebrauch?

Diese Frage ist bekanntlich in jüngster Zeit vielfach erörtert und von zweifellos kompetenter Seite — ich brauche nur zu erwähnen, daß dies in mehr oder weniger deutlicher Weise in der vom Reichsjustizamte bearbeiteten Kriminalstatistik und ferner von dem Leiter des Gefängniswesens im Kgl. preuß. Ministerium des Inneren, Geh. Rat Illing geschehen ist[7]) — verneint worden, indem den Richtern allzugroße Milde vorgeworfen wurde.

Es dürfte zunächst davor zu warnen sein, aus einzelnen Fällen, in welchen Fehler gemacht sein mögen, allgemeine Schlüsse zu ziehen. Sodann aber bricht in der That unter den auf dem Gebiete des Strafrechts thätigen Richtern immer mehr die Überzeugung durch, daß unsere heutige Gefängnisstrafe vielfach eine zwecklose sei, und die Richter finden es nicht gerechtfertigt, der Gefängnisstrafe, weil

aus. Erst als er einige Zeit später in sonstige Differenzen mit seinem Diener kam, stellte er den Strafantrag. — 2. Ein in seinem Kreise hoch angesehener Gutsbesitzer fand bei seinem Nachhausekommen ein Stück seines Mobiliars von dem Gerichtsvollzieher gepfändet; wütend hierüber zerschlug er den Gegenstand. In der Beweisaufnahme stellte sich heraus, daß die Pfändung zwar in rechtsverbindlicher Weise und durch den zuständigen Beamten geschehen, aber materiell ungerechtfertigt war.

[6]) Ich möchte mich ausdrücklich gegen die etwaige Auffassung verwahren, als ob ich mit dem Vorstehenden einen Tadel gegen die Institution des Schöffengerichts hätte aussprechen wollen. Ich halte das Schöffengericht — eine vernünftige und sorgfältige Auswahl der Schöffen vorausgesetzt — geradezu für eine ideale Institution.

[7]) Auch auf das Reskript des preuß. Justizministers Dr. Leonhardt vom 12. 1. 1874 sei hingewiesen, in welchem die „ungerechtfertigte Milde in der Bestrafung Schuldiger" als ein „Mißstand in der Strafrechtspflege" bezeichnet wird.

sie an sich für eine nicht unerhebliche Zahl von Individuen einer abschreckenden Wirkung entbehrt, den Charakter eines Übels erst dadurch zu geben, daß sie dieselbe auf besonders lange Dauer verhängen.[8])

Verschärfung der Strafen — nicht Verlängerung derselben — ist nach der Ansicht vieler Richter das geeignete Mittel zu einer wirksameren Bekämpfung des Verbrechertums. Und wer den oben dargelegten nationalökonomischen Verlust, welchen jede Freiheitsstrafe mit sich führt, im Auge behält, muß dieser Ansicht zustimmen.

ad 3.

Nationalökonomische Rücksichten verdienen aber auch beim Strafvollzuge vollste Beachtung. Es ist Pflicht des Staates, darauf zu sehen, daß die Kosten, welche der Gesamtheit durch den Strafvollzug zur Last fallen, möglichst niedrige sind.

Was die Höhe der baren Ausgaben für das Gefängniswesen anbetrifft, so wird sich daran in Deutschland schwerlich etwas sparen lassen. Für diesen Punkt können auch die Erfahrungen im Auslande keinen Anhalt geben. Die allgemeinen Lebensverhältnisse sind hier von ausschlaggebender Bedeutung, und hiernach wird die Besoldung der Beamten, die Beköstigung der Gefangenen 2c. verschieden bemessen werden müssen. Eine Beköstigung, welche für den Osten Deutschlands vollkommen reichlich erscheint, würde sich nach den englischen Lebensverhältnissen zu einer wirklichen Barbarei gestalten.

Dagegen dürfte es möglich sein, die Höhe der Einnahmen des Gefängniswesens in Deutschland durch eine anderweitige Regelung der Gefängnisarbeit zu erhöhen, und hierfür könnten nach meiner Ansicht die englischen Einrichtungen ein Muster abgeben.

Durch die Gefängnisarbeit werden aber in England nicht nur hohe Erträgnisse erzielt, sondern es wird dabei auch darauf hingewirkt, durch die Art und Weise der Beschäftigung dem Gefangenen

[8]) Die Erfahrungen, welche mit dem § 223a R. St. G. B. gemacht worden sind, dürften kaum zu einem erneuerten Versuche reizen, den Richter durch gesetzliche Bestimmungen zur Verhängung längerer Strafen zu bewegen. Nach der Kriminalstatistik für das Jahr 1884 S. 45 betrug nur bei 21,82 % aller auf Grund des § 223a Bestraften die Strafe 3 Monate Gefängnis oder darüber. Während nach dem Buchstaben des Gesetzes nur in Ausnahmefällen, beim Vorhandensein mildernder Umstände, auf weniger als 2 Monate Gefängnis erkannt werden soll, stellt sich die Sache in der Praxis so, daß in der Mehrzahl aller Fälle unter — vielfach gezwungener — Annahme mildernder Umstände die Strafe hinter dem gesetzlichen Minimum zurückbleibt.

den Rücktritt in die bürgerliche Gesellschaft zu erleichtern, ihm die Möglichkeit zu verschaffen, bei seiner Entlassung zu einer ordentlichen Erwerbsthätigkeit zu gelangen. Auf diesen Punkt wird bis jetzt in Deutschland viel zu wenig Rücksicht genommen.

Ein nicht unerheblicher Teil der Sträflinge kommt auf die Bahn des Verbrechens, weil er infolge mangelhafter Erziehung sich die Mittel zum Lebensunterhalt auf redliche Weise nicht zu beschaffen vermag. Ein andrer Teil der Sträflinge ist zwar vor Begehung der Strafthat in geordneten Erwerbsverhältnissen gewesen; dieser Erwerb setzte jedoch ein Vertrauen zu seiner Person voraus, wie es durch die Begehung der Strafthat verloren gegangen ist. Derjenige, welcher als Kommis oder Büreauvorsteher sich einer schweren Unterschlagung oder eines Betruges schuldig gemacht hat, oder derjenige, welcher als Lehrer ein Sittlichkeitsverbrechen gegen seine Schüler begangen hat, kann nicht darauf rechnen, nach Verbüßung seiner Strafe eine ähnliche Stellung wieder zu erlangen. Solche Sträflinge dürfen nicht, wie es leider vielfach in preußischen Gefängnissen geschieht, im Büreaudienste und mit Schreiberarbeiten beschäftigt werden, sondern sie müssen in der Anstalt zu einem Gewerbe angelernt werden, bei welchem die Antezedenzien des Arbeitsuchenden nicht so sehr in Betracht kommen.

Wenn es in der Strafanstalt versäumt wird, dahin zu wirken, daß der Sträfling bei seiner Entlassung wirklich erwerbsfähig sei, so kann man sich wahrlich über die erschreckend große Zahl der Rückfälligen in Deutschland nicht wundern[9]). Ein Strafentlassener, welcher trotz der besten Vorsätze, sich auf redliche Weise durch das Leben durchzuschlagen, überall, wo er um Beschäftigung anfragt, Abweisungen erfährt, wird gar leicht wieder mit dem Strafgesetze in Kollision geraten, und zwar erfüllt mit einem tiefen Hasse gegen die Gesellschaft, welche ihn, nachdem er seine That gesühnt hat, trotz all seiner guten Vorsätze von sich stößt.

Dies zu verhindern, ist nicht nur eine Forderung der Gerechtigkeit und Humanität gegenüber dem Bestraften, sondern es ist auch eine Forderung der Selbsterhaltung für den Staat, welcher sich nicht darauf beschränken darf, begangene Verbrechen zu be-

---

[9]) Von 345 977 in Deutschland im Jahre 1884 Verurteilten waren 85 060, also 24,6% mit Freiheitsstrafe vorbestraft. Im Jahre 1883 betrugen die Vorbestraften nur 23%. Die Verhältnisse haben sich also verschlechtert. cf. Kriminalstatistik für das Jahr 1884 S. 36.

strafen, sondern zugleich verpflichtet ist, soweit es in seinen Kräften steht, der Begehung von Verbrechen vorzubeugen. Um dieser Forderung gerecht zu werden, muß zunächst die Beschäftigung in den Strafanstalten zu einer erzieherischen umgestaltet werden, sodann aber darf auch die Gesellschaft ihre thätige Mitwirkung nicht versagen. Nach beiden Richtungen hin kann England als mustergültig hingestellt werden: der Übergang vom Kerker in die Freiheit wird hier durch die Art und Weise der Strafvollstreckung und in nicht geringerem Maße durch die segensreiche Thätigkeit der Vereine für Strafentlassene erheblich erleichtert.

Hiermit mögen die allgemeinen Betrachtungen über die Ziele, welche bei einer Reform des Strafen- und Gefängniswesens in Deutschland in Betracht zu ziehen sind, ihren Abschluß finden. Ich gehe nunmehr zur Erörterung derjenigen englischen Einrichtungen über, welche in dem Vorstehenden als bei einer Reform der Beachtung wert angeführt wurden, indem ich ausdrücklich bezüglich aller Detailpunkte auf mein schon citiertes Buch verweise. Ich halte es dabei für zweckmäßig, die Erörterung über das Gefängniswesen mit derjenigen über die Freiheitsstrafen des englischen Rechts zu verbinden und sodann erst in einem späteren Abschnitte auf die übrigen englischen Einrichtungen einzugehen.

III.

Das englische Strafrecht kennt zwei Arten der Freiheitsstrafen: Die Strafknechtschaft (penal servitude) mit einer Minimaldauer von 5 Jahren und die Gefängnisstrafe (imprisonment) mit einer Maximaldauer von 2 Jahren. Die Übelthäter, gegen welche auf Strafknechtschaft erkannt wird, sind grundverschieden von den zu einer Gefängnisstrafe Verurteilten; die Zwecke, welche bei dem Strafmittel der Strafknechtschaft verfolgt werden, sind grundverschieden von denen bei der Gefängnisstrafe, und grundverschieden ist infolge hiervon auch die Behandlung der Gefangenen bei diesen beiden Strafmitteln.

A. Die Personen, welche der Strafe der Strafknechtschaft unterworfen werden, sind solche, welche sich durch wiederholte gewohnheitsmäßige Übertretung der Strafgesetze oder durch eine erstmalige, aber überaus schwere Strafthat als für das Gemeinwesen gefährliche Subjekte erwiesen haben. Eine vollständige **Umbildung** (reformation) des Charakters erscheint erforderlich, um aus diesen Subjekten nützliche Glieder der bürgerlichen Gesellschaft zu machen. Diesem erzieherischen Zwecke entsprechend wird die Strafe selbst gestaltet. All die Einflüsse, welche auf die menschliche Natur zu wirken geeignet erscheinen, werden herangezogen, um den Sträfling für einen vernünftigen Gebrauch der Freiheit, für einen erfolgreichen Wiedereintritt in die bürgerliche Gesellschaft vorzubereiten.

Die Erziehung beginnt in der Isolierzelle, wo die Sprache des Gewissens durch nichts unterbrochen wird und das Gemüt für die Ermahnungen des Geistlichen besonders empfänglich ist. Hier soll sich der Sträfling das Maß seiner Verschuldung klar machen und den Vorsatz zur Besserung fassen. Um ihn nicht von diesen Gedanken abzuziehen, ist die Art und Weise seiner Beschäftigung eine trockene und einförmige, welche geeignet ist, die abschreckende Wirkung der Strafe zu verschärfen (Wergzupfen, Steineklopfen 2c.). Dieses erste Stadium der Strafe, welches bezweckt, den Sträfling zur Selbsterkenntnis, zur Reue über seine That und zu guten Entschlüssen für die Zukunft umzustimmen, dauert 9 Monate.

Dieser Zeitraum wird für genügend erachtet, um auf das Stadium der gemeinschaftlichen Zwangsarbeit in einem Public Works Prison vorzubereiten. Die gemeinschaftliche Zwangsarbeit bildet den eigentlichen Kern der Strafe der Strafknechtschaft; sie verfolgt den Zweck, den Sträfling zu der Gewohnheit regelmäßiger Arbeit und voller Ausnutzung seiner körperlichen Kräfte zu erziehen.

Auf eine geeignete Beschäftigung wird während dieses Stadiums der größte Wert gelegt. Der Sträfling soll dadurch nicht nur an Arbeitsamkeit gewöhnt, sondern auch in die Lage gebracht werden, nach Verbüßung der Strafe sich durch ehrliche Arbeit ernähren zu können und damit ein brauchbares Glied der Gesellschaft zu werden. Die Beschäftigung ist daher eine solche, wie sie auf den allgemeinen Arbeitsmarkt jederzeit leicht einen Abnehmer findet.

Soweit es die Körperkräfte des Sträflings zulassen, wird derselbe zu öffentlichen Bauarbeiten: Herstellung von Gefängnisbauten, Errichtung von Festungswerken, Anlage von Docks und sonstigen Hafenbauten 2c. angehalten. Sträflinge, welche wegen ihres Alters oder wegen körperlicher Schwächlichkeit zu derartigen Arbeiten nicht verwendet werden können, werden für landwirtschaftliche Arbeiten und nur ausnahmsweise zu industrieller Beschäftigung benutzt. Diese industrielle Beschäftigung, welche vorzugsweise in Schneiderei und Schuhmacherei besteht, erfolgt ausschließlich für Staatsinstitute, insbesondere für den Gefängnisdienst selbst, für Armee und Marine, für Post und Polizei. Eine Konkurrenz mit der freien Arbeit findet in keiner Weise statt.

Da volle Ausnutzung der körperlichen Kräfte jedes einzelnen Sträflings hier Prinzip ist, und da eine solche Ausnutzung durch die bestehende Spezialisierung der Anstalten — Chatham, Portland, Portsmouth für öffentliche, Parkhurst und Woking für landwirtschaftliche und industrielle Arbeiten — erleichtert wird, so liefern die Sträflingsarbeiten durchaus befriedigende Erträgnisse.

Für Sachverständige bedarf es wohl kaum einer besonderen Hervorhebung, daß all dieses nicht erreicht werden könnte, wenn der Sträfling in Isolierhaft gehalten würde. Die gemeinschaftliche Beschäftigung der Sträflinge ist notwendig, um denjenigen Zwecken gerecht zu werden, welche man in England bei der Strafe der Strafknechtschaft im Auge hat. Nur in der Gemeinschaftshaft ist eine geeignete, dem erzieherischen Zwecke der Strafe entsprechende Beschäftigung möglich, und nur auf diese Weise kann ferner die Willenskraft des Sträflings, seine Selbstbeherrschung und seine Widerstandsfähigkeit gegen Versuchungen gestärkt und auf die im Interesse der Gesellschaft notwendige Probe gestellt werden. In der Isolierzelle ist der Sträfling von jeder Versuchung, an welcher sich seine Willenskraft erproben könnte, vollständig ferngehalten, er wird hier absichtlich von denjenigen Gesellschaftskreisen abgeschlossen, in welche er nach seiner Entlassung zurücktritt. Nur in der Gemeinschaft mit andern kann die erstrebte Umbildung des Charakters erreicht und sicher gestellt werden.

Anderseits unterschätzt man aber in England die Gefahren eines Zusammenseins der Sträflinge durchaus nicht. Um den Sträfling auf ein erfolgreiches Bestehen der während der Gemeinschaftshaft an ihn herantretenden Versuchungen vorzubereiten, wird derselbe zunächst bei Beginn seiner Strafe 9 Monate lang in Isolierhaft gehalten, und er wird wieder in die Isolierhaft zurückversetzt, sobald sich zeigt, daß er unfähig ist, Versuchungen zu widerstehen, und sein Verbleiben in der Gemeinschaft mit andern Sträflingen als eine Gefahr für die letzteren erscheint.

Es werden aber auch weiter während der Gemeinschaftshaft besondere Maßregeln getroffen, um die zweifellos bestehenden Gefahren abzuschwächen. Aus Rücksicht hierauf bleiben die Sträflinge während der Nachtzeit stets isoliert. Sodann werden dem Sträflinge je nach seinem Verhalten während der Tageszeit besondere Vorteile gewährt, und es wird ihm klar vor Augen gehalten, daß es lediglich von seinem Verhalten abhängt, wie sich seine Strafzeit gestaltet.

Eine genaue Unterlage für die Beurteilung dieses Verhaltens wird mit Hülfe des Markensystems gewonnen, bezüglich dessen Gestaltung ich auf mein Buch Seite 195 ff. verweise. In der täglichen Eintragung einer Anzahl Marken wird dem Sträflinge ein Attest über den bei der Arbeit bewiesenen Fleiß unter Berücksichtigung seines guten Verhaltens gegeben. Die Sträflinge in den Public Works Prisons zerfallen in 5 Klassen, und das Aufrücken aus einer niederen in eine höhere Klasse geschieht jedesmal, nachdem der Sträfling eine bestimmte, nach der Gesamtdauer der Strafzeit bemessene Anzahl Marken verdient hat. Da mit dem Aufrücken in eine höhere Strafklasse vielfache und für den Sträfling wertvolle Vorteile verbunden sind, so werden jedem einzelnen seine Sonderinteressen klar vor Augen gehalten, und der Tendenz auf Genossenschaftlichkeit unter den Sträflingen wird in wirksamer Weise entgegengewirkt.

Die Vorteile, welche sich der Sträfling durch sein Verhalten erwerben kann, bestehen zunächst in einer größeren Freiheit im Verkehr mit der Außenwelt durch Korrespondenz und Besuche, in gewissen Vergünstigungen bei der Beköstigung, in freierer Benutzung der Sonntagszeit und in einer höheren Arbeitsbelohnung, welche je nach der Strafklasse, in welcher sich der Sträfling befindet, verschieden bemessen wird.

Von dem Verhalten des Sträflings ist aber nicht nur seine Behandlung in der Strafanstalt abhängig, sondern es ist ihm auch die Möglichkeit gegeben, durch sein Verhalten die Strafzeit innerhalb fest bestimmter Grenzen abzukürzen, indem er sich durch das Verdienen einer nach der Länge der Strafzeit bestimmten Anzahl von Marken das Recht auf vorläufige Entlassung erwirbt.

Durch diese Aussicht auf Abkürzung der eigentlichen Strafzeit wird den bei der gemeinschaftlichen Arbeit bestehenden Gefahren auf die allerwirksamste Weise entgegenwirkt, und es wird zu gleicher

Zeit in dem Sträflinge während der gesamten Zeit seiner Strafe die Hoffnung auf Besserung seiner Lage wachgehalten. Das für das Erziehungswerk hinderliche Gefühl der Monotonie des Lebens in der Strafanstalt wird aufgehoben, das Freiheitsbedürfnis bleibt in dem Sträflinge rege, er wird vor stumpfem Hinbrüten und vor geistiger Erschlaffung bewahrt.

Die vorläufige Entlassung, welche nicht als ein Akt der Begnadigung, sondern als ein Stadium des Strafvollzugs aufzufassen ist, bildet den Schluß der Strafe der Strafknechtschaft. Während dieses Stadiums wird durch die Polizei eine strenge Aufsicht über den Entlassenen ausgeübt, er unterliegt einer strengen Kontrolle darüber, daß er von der ihm gewährten Freiheit einen vernünftigen Gebrauch macht, und er wird ohne alle Weitläufigkeit nach einem summarischen Verfahren in die Anstalt zurückversetzt, sobald auch nur zu befürchten ist, daß er wieder auf Abwege gerät.

Die für die Institution der vorläufigen Entlassung maßgebenden Gesichtspunkte habe ich auf Seite 280 f. meines Buches dahin zusammengefaßt:

„Es soll für den Bestraften, welcher während des Stadiums der gemeinschaftlichen Zwangsarbeit zum vernünftigen Gebrauche der Freiheit erzogen worden ist und von welchem nach seinem gesamten Verhalten während dieser Zeit angenommen werden kann, daß das Erziehungswerk ein erfolgreiches gewesen ist, ein vermittelnder Übergang aus dem Zustande der vollständigen Freiheitsentziehung in denjenigen der vollen Selbständigkeit und Freiheit geschaffen werden."

„Dies geschieht in erster Linie im Interesse der Gesellschaft. Es ist eine in England wie in andern Ländern festgestellte Thatsache, daß die Zahl der Rückfälle in der ersten Zeit nach der Entlassung aus der Strafanstalt am größten ist [10]). Die Gesellschaft ist also während dieses Zeitraums einer besonders starken Gefahr ausgesetzt. Eine scharfe Kontrolle über die wieder in die Freiheit Gesetzten während der ersten Zeit erscheint daher geeignet und notwendig, um das allgemeine Sicherheitsbewußtsein zu erhöhen. Durch eine derartige Aufsicht wird nicht nur direkt die Begehung von Verbrechen erschwert, sondern der Strafentlassene wird auch in seinen guten

[10]) Nach der deutschen Kriminalstatistik für das Jahr 1884 Seite 38 begingen mehr als ein Dritteil aller Vorbestraften innerhalb eines Jahres nach der Strafverbüßung die Strafthat.

Vorsätzen und in seinem Bestreben, sich auf redliche Weise durch das Leben durchzuschlagen, gestärkt und gekräftigt, wenn er sich bewußt bleiben muß, daß er bei dem geringsten Schritte abseits vom richtigen Wege, ja schon bei bloßem Verdachte hierfür, — z. B. wenn er Verkehr mit Personen von notorisch schlechtem Charakter unterhält — in die Strafanstalt zurückzuwandern hat."

„Wenn hiernach eine strenge Beaufsichtigung der Strafentlassenen an sich wünschenswert erscheinen muß, so liegt es anderseits auf der Hand, daß der Betreffende damit erheblichen Beschränkungen in seiner Freiheit unterworfen wird. Die ihm geschenkte Freiheit ist nicht nur eine bedingte, sondern auch eine bloß teilweise: von der Strafzucht, wie sie in der Strafanstalt ausgeübt worden ist, bleibt noch ein gut Teil bestehen. Demgemäß ist es durchaus gerechtfertigt, die Zeit, während welcher die Aufsicht ausgeübt wird, in die Strafzeit einzurechnen. Der Zeitraum, für welchen der Bestrafte vorläufig entlassen wird, charakterisiert sich dann als versuchsweise bewilligte Milderung des Strafzwanges. Würde man den Bestraften nach voller Abbüßung der Strafe noch einer strengen Beaufsichtigung unterwerfen, so müßte dies als eine neue Strafe angesehen werden."

„Auch darauf ist noch aufmerksam zu machen, daß die Lage des Strafentlassenen schon durch das abstoßende Verhalten, welches er fast regelmäßig von der bürgerlichen Gesehschaft erfährt, in erheblicher Weise erschwert wird. Der Strafentlassene, welcher seine verbrecherische That durch Abbüßung der richterlich erkannten Strafe gesühnt hat, wird faktisch von der Gesellschaft einer nochmaligen Bestrafung unterworfen. So sehr man auch dahin streben mag, in dieser Beziehung auf die öffentliche Meinung aufklärend einzuwirken, und so sehr man auch den Entlassenen durch die Fürsorgevereine zu helfen sucht, es wird immer die Thatsache bestehen bleiben, daß die Lage eines Bestraften unmittelbar nach seiner Entlassung aus der Strafanstalt eine erheblich schlechtere und schwierigere ist, als diejenige der übrigen Menschen."

„Es ist somit nicht nur im Interesse der Gesellschaft wünschenswert, sondern auch gegenüber dem Bestraften gerecht, wenn dem letzteren gestattet wird, das letzte Stadium seiner Strafzeit außerhalb der Strafanstalt, aber unter strenger Beaufsichtigung seines Verhaltens zuzubringen."

So viel über das Strafmittel der Strafknechtschaft und seine

3 Stadien: Die Isolierhaft soll auf die gemeinschaftliche Zwangsarbeit vorbereiten, durch die vorläufige Entlassung soll geprüft und sichergestellt werden, ob die versuchte Umbildung des Charakters gelungen ist, so daß dem Betreffenden ohne Gefahr für die Allgemeinheit die volle Freiheit und Selbständigkeit wiedergegeben werden kann.

B. Ganz anders gestaltet sich die Behandlung der zu einer Gefängnisstrafe Verurteilten. Hier wird davon ausgegangen, daß es sich nicht um Personen handelt, bei denen alt eingewurzelte verbrecherische Neigungen und ein wirklicher Hang zum Bösen vorliegt, sondern daß momentane Willensschwäche, Unlust zu angestrengter Arbeit oder Genußsucht das Motiv für die Gesetzesübertretung gewesen ist. Hier gilt es, durch die Strafe dem Betreffenden in energischer Weise ein Halt zuzurufen, ihm sein Unrecht zum Bewußtsein zu bringen, seinen Sinn für Ordnung und Arbeitsamkeit von neuem zu wecken.

Die Strafe muß daher hier vor allem eine abschreckende Wirkung ausüben. Die Isolierhaft erscheint dabei als die geeignetste Form der Strafvollstreckung, weil hier der Wille des Gefangenen am energischsten zur Unterwerfung gebracht, der Gefangene am leichtesten zur Selbsterkenntnis, zur Reue über die Vergangenheit und zu guten Vorsätzen für die Zukunft umgestimmt werden kann, und weil zu gleicher Zeit die Isolierung des Gefangenen das sicherste Mittel ist, ihn von dem demoralisierenden Einflusse und von allen bösen Anregungen, welche von schlechteren und mehr verderbten Mitgefangenen ausgehen könnten, fernzuhalten.

Allein sofern die Strafzeit eine gewisse Dauer überschreitet, ist auch hier darauf Rücksicht zu nehmen, daß sich der Gefangene nicht durch die Einförmigkeit der Strafvollstreckung an das Strafleiden gewöhnt, daß die Strafe nicht ihre innere sittliche Reaktion auf den Charakter des Gefangenen verliert. Deshalb wird in England auch die Gefängnisstrafe in mehrere, in sich verschiedene Perioden abgestuft, und der Gefangene wird dadurch, daß das Vorrücken in eine höhere und mildere Strafstufe von seinem Verhalten abhängig gemacht wird, ständig in der Hoffnung erhalten, durch sein eignes Verhalten seine Lage bessern zu können.

Es werden 4 Stufen der Gefängnisstrafe unterschieden. Der Gefangene muß, bevor er zur obersten Stufe gelangt, in jeder der früheren wenigstens 4 Wochen lang gewesen sein, so daß eine Strafzeit bis zu 4 Wochen ausschließlich in der ersten Strafstufe verbüßt wird und ein Eintreten in die vierte Strafstufe überhaupt nur bei Strafen von mehr als 12 Wochen möglich ist. Im Übrigen erfolgt das jedesmalige Vorrücken in eine höhere Strafstufe auf Grund des Markensystems, nachdem die für die betreffende Strafstufe festgesetzte Markenzahl verdient worden ist.

Mit jeder Strafstufe bessert sich die Lage des Gefangenen und vermehren sich die ihm bewilligten Vergünstigungen. Auf der ersten Strafstufe muß er auf harter Lagerstätte ohne Matratze (plank bed) schlafen, auf der zweiten erhält er für 5 Nächte in der Woche, auf der dritten für 6 Nächte eine Matratze, auf der vierten endlich fällt der Gebrauch von plank beds ganz fort. Erst mit der zweiten Strafstufe erhält der Gefangene die Erlaubnis, sich am Sonntage im Freien zu bewegen, und erst von dieser Stufe ab werden dem Gefangenen Arbeitsbelohnungen gewährt, welche sich in der dritten und dann weiter in der vierten Strafstufe noch steigern. Andre Vergünstigungen bestehen in der erst allmählich gewährten Erlaubnis zum Verkehre mit der Außenwelt durch Besuche und Korrespondenz.

Neben der gewöhnlichen Gefängnisstrafe gibt es nun noch einen verschärften und einen gemilderten Grad derselben.

Die Verschärfung bei dem sogen. imprisonment with hard labour besteht darin, daß der Gefangene auf der untersten Strafstufe zu eigentlicher Strafarbeit (Tretmühle rc.) angehalten wird, während sonst die zu einer Gefängnisstrafe Verurteilten im wesentlichen mit industrieller Arbeit und zwar unter Berücksichtigung ihrer bisherigen Thätigkeit, ihrer Kenntnisse und Fertigkeiten beschäftigt werden.[11])

Die gemilderte Form besteht in der Verurteilung zu imprisonment as a first-class misdemeanant. Die Strafe besteht hier im wesentlichen in einfacher Freiheitsentziehung unter einer gewissen Beaufsichtigung der Beschäftigung, Beköstigung und Lebensweise des Gefangenen. Diese Form der Gefängnisstrafe kommt im allgemeinen nur relativ selten zur Anwendung; bei Preßvergehen dagegen ist sie die regelmäßige Form der Bestrafung.

---

[11]) Auch bei den zu einer Gefängnisstrafe Verurteilten erfolgt der Arbeitsbetrieb ausschließlich auf Staatsrechnung. Eine Vermietung der Arbeitskräfte der Gefangenen an Privatunternehmer findet nie statt. Die Arbeitsprodukte sind auch hier zum weit überwiegenden Teile für Staatsinstitute bestimmt.

Die vorstehende kurz zusammenfassende Darstellung der Freiheitsstrafen des englischen Rechts muß hier genügen. Betrachten wir demgegenüber die Freiheitsstrafen des deutschen Strafgesetzbuchs.

Auf den ersten Blick scheint eine gewisse Konformität zu bestehen: der penal servitude scheint die Zuchthausstrafe, dem imprisonment Gefängnis, dem imprisonment with hard labour die qualifizierte Haft aus § 362 Str. G. B., dem imprisonment as a first-class misdemeanant die einfache Haft und die Festungshaft zu entsprechen. Aber dieser Schein schwindet, sobald man auf den Vollzug der einzelnen Strafen näher eingeht.

In England grundsätzliche Verschiedenheit in dem Wesen der Strafmittel der Strafknechtschaft und der Gefängnisstrafe und demgemäß grundsätzlich verschiedenartige Behandlung der zu einer jeden der beiden Strafen Verurteilten: hier Vorwiegen des Abschreckungszweckes und ausschließliche Anwendung der Einzelhaft, dort Gestaltung der Behandlung nach erzieherischen Grundsätzen und Anwendung eines aus Einzelhaft, Gemeinschaftshaft und Polizeiaufsicht zusammengesetzten Systems.

In Deutschland beim Strafvollzuge in der Praxis vollständiges Verschwinden irgend welcher Verschiedenheit zwischen Zuchthaus, Gefängnis und qualifizierter Haft. Die Strafe ist verschieden gestaltet, nicht nach dem Strafmittel, auf welches der Richter erkannt hat, sondern nach dem zufälligen Umstande, an welchem Orte der Bestrafte seine Strafe zu verbüßen hat. Je nachdem derselbe im Norden oder Süden, im Osten oder Westen Deuschlands belegen ist, hier Anwendung der Einzelhaft, dort der Gemeinschaftshaft und an einem dritten Orte eines gemischten Systems; hier vorzugsweise Berücksichtigung des Besserungszweckes, dort ohne Rücksicht auf Besserung strenge Behandlung! Der Sträfling, welcher in einer der mit allem Komfort der Neuzeit ausgestatteten großen Strafanstalten eine Zuchthausstrafe verbüßt, befindet sich dort in jeglicher Beziehung besser als der Gefangene, welcher eine Gefängnis- oder selbst nur eine Haftstrafe in einem der kleinen Gefängnisse im Osten Preußens abzumachen hat. Die Unterschiede, welche das deutsche Strafgesetzbuch zwischen den verschiedenen Freiheitsstrafen aufstellt, haben bei der Handhabung des Strafvollzugs in der Praxis nicht die allergeringste Bedeutung.[12])

---

[12]) Um dem Einwande vorzubeugen, daß hier von einem nicht in der praktischen Gefängnisverwaltung Stehenden ein zu scharfes Urteil ausgesprochen werde, möchte

Die zur Zuchthausstrafe Verurteilten sollen nach § 15 R. Str. G. B. in der Strafanstalt zu den eingeführten Arbeiten angehalten werden, während die §§ 16 und 362 R. Str. G. B. bezüglich der zu Gefängnis und qualifizierter Haft Verurteilten bestimmen, daß dieselben in der Anstalt auf eine ihren Fähigkeiten und Verhältnissen angemessene Weise beschäftigt werden können. Thatsächlich werden nun aber auch die zu Gefängnis und qualifizierter Haft Verurteilten regelmäßig immer beschäftigt (vgl. preuß. Gefängnis-Reglement § 70), und zwar mit vollem Rechte, weil es in jeglicher Beziehung irrationell sein würde, sie ohne Beschäftigung zu lassen. Ebensowenig führt die für die Zuchthaussträflinge nicht ausgesprochene Beschränkung auf solche Arbeiten, welche „den Fähigkeiten und Verhältnissen angemessen“ sind, in der Praxis zu irgendwelchen Verschiedenheiten, denn auch in den Zuchthäusern wird bei der Zuteilung der Arbeiten in umfassendem Maße auf die bisherige Beschäftigung und die Lebensverhältnisse des Sträflings und naturgemäß auch darauf Rücksicht genommen, daß derselbe „fähig“ ist, die von ihm verlangte Arbeit zu leisten.

In gleicher Weise ist die Verschiedenheit in den gesetzlichen Bestimmungen über die Außenarbeit praktisch ohne Belang. Außenarbeit findet zunächst überhaupt nur wenig statt, und, wo sie besteht, ist es ganz naturgemäß, daß dazu solche Leute verwandt werden, welche ähnliche Arbeiten auch früher schon gethan haben. Dieselben werden sich der Außenarbeit nicht nur nicht schämen, sondern diese Arbeit sogar lieber thun, als eine andre. Die Vorschrift, daß die zu Gefängnis Verurteilten nur mit ihrem Willen, die zu Zuchthaus Verurteilten dagegen stets zur Außenarbeit angehalten werden können, bringt daher bei der Handhabung in der Praxis kaum einen Unterschied hervor.

Die gesetzlichen Unterschiede zwischen den einzelnen Freiheitsstrafen stehen lediglich auf dem Papiere; Zuchthaus und Gefängnis unterscheiden sich in der Praxis nur dadurch, daß die Zuchthaus-

---

ich folgenden Ausspruch des sicherlich von Jedermann als Autorität angesehenen Strafanstalts-Direktors Krohne citieren: „Die Zuchthausstrafe in Moabit und die Zuchthausstrafe in Sonnenburg sind so himmelweit verschieden, daß es Unrecht ist, sie noch mit demselben Namen zu benennen. Der Richter quält sich mit peinlichster Gewissenhaftigkeit ab, ob er in einem Falle auf Zuchthaus oder Gefängnis erkennen soll; er hat sich in vielen Fällen sehr unnötige Mühe gemacht, denn meistens unterscheiden sich im Strafvollzuge Zuchthaus- und Gefängnisstrafe nur durch die Farbe der Jacken, hier braun, dort grau.“ (Zeitschr. f. d. gesamte Strafrechtswissensch. Bd. I. Seite 71).

strafe regelmäßig von längerer Dauer ist: Minimalzeit 1 Jahr, durchschnittlich 2½ Jahr, als die Gefängnisstrafe: Maximalzeit 5 Jahre, durchschnittlich 58 Tage.[13])

Bei dieser Sachlage erscheint der von vielen Seiten ausgesprochene Wunsch nach Unifikation der Freiheitsstrafen verständlich. Allein diesem Wunsche muß mit aller Entschiedenheit entgegengetreten werden. Jeder Straffall hat seine eigne Geschichte, und wenn die Strafe eine wirklich gerechte sein soll, so muß der Eigentümlichkeit des Falles auch durch möglichste Spezialisierung der Strafe Rechnung getragen werden. Eine Unifikation aller Freiheitsstrafen würde ein entschiedener Rückschritt sein.

Worauf es ankommt, ist zunächst, die jetzt lediglich auf dem Papiere stehende Verschiedenheit zwischen den einzelnen Freiheitsstrafen[14]) zu einer wirklichen zu gestalten, und sodann, soweit thunlich, mit diesen Strafen noch besondere Strafschärfungen zu verbinden, um der Individualität jedes einzelnen Falles möglichst gerecht werden zu können. Es gilt bei der Zuchthausstrafe dasjenige Moment zum wirklichen Ausdruck zu bringen, worauf schon der Name hindeutet: das erzieherische, und es gilt die Gefängnisstrafe so zu gestalten, daß sie eine dem Einzelfalle entsprechende abschreckende Wirkung unter allen Umständen ausübt. Die englischen Einrichtungen können nach beiden Richtungen hin zum Muster dienen.

Was zunächst die Zuchthausstrafe anbetrifft, so sollte dieselbe gleich dem englischen Strafmittel der Strafknechtschaft da zur Anwendung kommen, wo es einer besonderen Umbildung des Charakters bedarf, um aus einem gemeingefährlichen Individuum ein nützliches Glied der bürgerlichen Gesellschaft zu machen, wo also neben der abschreckenden Wirkung der Strafe ein erzieherischer Zweck derselben mitberücksichtigt werden muß. Zur Erreichung dieser beiden Zwecke erachte ich die oben geschilderte Art eines progressiven Strafvollzugs für mustergültig. Die Strafe beginne mit Einzelhaft, an welche sich die gemeinschaftliche Zwangsarbeit anschließt, und sie

---

[13]) Vgl. Kriminalstatistik für d. Jahr 1884 Seite 43.

[14]) Der einzige wirklich greifbare Unterschied zwischen Zuchthaus und Gefängnis besteht heutigen Tages darin, daß die Zuchthausstrafe stets eine Ehrenstrafe ist und den Verlust gewisser Rechte ohne weiteres zur Folge hat, während bei der Gefängnisstrafe die Aberkennung der bürgerlichen Ehrenrechte nur in gewissen Fällen als Nebenstrafe ausgesprochen werden kann.

ende mit der vorläufigen Entlassung, mit welcher strenge Polizeiaufsicht verbunden sein muß.[15])

Man kann aber dem hierin liegenden Prinzipe zustimmen, ohne dabei sklavisch die englischen Einrichtungen nachahmen zu wollen. Ich erachte insbesondere die für die Strafknechtschaft bestehende Minimaldauer der Strafe von 5 Jahren für viel zu hoch gegriffen; ich habe in meinem Buche Seite 63 auch darauf hingewiesen, daß man in England damit umgeht, die Minimalzeit auf 3 Jahre herabzusetzen. Die in Deutschland für die Zuchthausstrafe bestehende Minimalzeit von 1 Jahr ist für den in das Auge gefaßten erzieherischen Zweck jedenfalls zu niedrig; ob 2 Jahre genügen, oder ob man auch für Deutschland die unterste Grenze auf 3 Jahre festsetzen soll, mag eine offene Frage bleiben.

Nehmen wir 3 Jahre als die Minimalzeit an, so würden sich dieselben auf die 3 Strafstufen rationellerweise so verteilen, daß auf die Einzelhaft 6 Monate und auf die gemeinschaftliche Zwangsarbeit 2 Jahre fallen würden, während die vorläufige Entlassung für die letzten 6 Monate eintreten könnte.[16]) Ob man dabei die Einzelhaft, wie es in England geschieht, auf einen bestimmten Zeitraum ein für allemal fixieren oder ob man nicht besser die Dauer der Einzelhaft in gleicher Weise wie den Zeitraum, für welchen die vorläufige Entlassung eintritt, von dem Verhalten des Sträflings abhängig machen soll, ist eine Frage, welche wohl der Erwägung bedarf.

Es ist ferner nicht unbedingt notwendig, daß man sich zur Konstatierung des Verhaltens der Sträflinge des englischen Markensystems bedient, obwohl dasselbe nach meiner Meinung vor jeder andern Art der Kontrolle den Vorteil voraus hat, daß der Sträfling eine anschauliche Feststellung der Folgen seines Verhaltens stets vor Augen hat. Auch gestaltet sich die Handhabung des Markensystems

[15]) Die vorläufige Entlassung des englischen Rechts, welche hier zur Einführung empfohlen wird, ist grundverschieden von der in Deutschland nach den §§ 23–26 Str. G. B. bestehenden Institution. Die Entlassung tritt in England nicht als Gnadenakt ein, sondern bildet ein Stadium des Strafvollzugs. In Deutschland, wo bisher überhaupt — und insbesondere in Preußen — nur ein geringer Gebrauch von der vorläufigen Entlassung gemacht worden ist, steht sie mit der Strafvollstreckung in gar keinem inneren Zusammenhange.

[16]) Die eigentliche Strafzeit würde somit 2½ Jahr umfassen, d. i. genau der Zeitraum, welcher im Durchschnitte auch heutigen Tages auf Zuchthaus erkannt wird.

in der Praxis weit einfacher, als man in Deutschland auf Grund der Beschreibungen des Systems gewöhnlich denkt.

Abgesehen von den hier hervorgehobenen Punkten glaube ich, daß die Art und Weise des Strafvollzugs der Strafknechtschaft das Muster für eine rationelle Gestaltung der deutschen Zuchthausstrafe abgeben könnte.

Insbesondere gilt dies, was die Beschäftigung der Sträflinge während des Stadiums der gemeinschaftlichen Zwangsarbeit anbetrifft. Die Art und Weise der Beschäftigung der Sträflinge ist in Deutschland einer der wundesten Punkte, und es ist zugleich derjenige Punkt, auf welchen sich die allgemeine Aufmerksamkeit am meisten hinlenkt, weil hier die Interessen vieler empfindlich berührt werden. Dem in Deutschland, insbesondere in Preußen, beliebten Systeme, die Arbeitskräfte der Sträflinge an Privatunternehmer zu vermieten, wird mit Recht vorgeworfen, daß dasselbe den Strafzwecken nicht gerecht wird und Mißstände für Disziplin und Sicherheit mit sich bringt, da der Verkehr der Unternehmer und ihrer Werkmeister, welche ja lediglich pekuniäre Vorteile verfolgen, mit den Sträflingen sich der Kontrolle der Beamten vielfach entzieht, daß dasselbe ferner wenig befriedigende finanzielle Erträgnisse liefert, und daß es endlich der Privatindustrie eine ungerechtfertigte Konkurrenz schafft. All' diese Mißstände sind in England vermieden. Was ich in meinem Buche Seite 237 ff. hierüber und insbes. über die Verwendung der Sträflinge zu öffentlichen Arbeiten ausgeführt habe, dürfte wohl in Deutschland Beachtung verdienen. Den Nutzen der öffentlichen Arbeiten habe ich dahin zusammengefaßt: „Die Arbeitskräfte werden voll ausgenutzt, die im Freien und in Gemeinschaft vorgenommene Arbeit ist die für Körper und Geist zuträglichste, es ist eine Beschäftigung der Sträflinge in den mannigfältigsten Arbeitszweigen möglich, und die Arbeitszweige sind solche, in welchen der Sträfling auch nach seiner Entlassung Beschäftigung zu finden hoffen kann."

Ich weiß keinen Grund, weshalb dasjenige, was in England hier durchführbar ist, in Deutschland unmöglich sein sollte. Man wird auch in Deutschland — insbesondere aus dem Offizierkorps der Ingenieure 2c. — Anstaltsdirektoren finden können, welche die erforderlichen technischen Kenntnisse zur Leitung derartiger Arbeiten besitzen. Und an öffentlichen Arbeiten, welche von Sträflingen vorgenommen werden könnten, ist in Deutschland sicherlich kein Mangel.

Man denke an Gefängnisbauten, Landesmeliorationen, Kanalbauten 2c.[17])

Ich wende mich nun zur Reform der Gefängnisstrafe in Deutschland! Über die Reformbedürftigkeit besteht wohl kaum ein Zweifel; von allen Seiten wird bestätigt, daß der jetzige Zustand ein unhaltbarer ist.[18])

Während der schwere, mit Zuchthaus bestrafte Verbrecher in den modernen Gefängnis-Prachtbauten mit ihren Isolierspazierhöfen, ihren stalls in Kirche und Schule auf das behutsamste vom Anblicke der übrigen Sträflinge ferngehalten wird, verbüßt der wegen einer geringfügigen Gesetzesübertretung zu einigen Tagen Gefängnis Verurteilte meistenteils seine Strafe in Gemeinschaftshaft mit andern Gefangenen, unter welchen sich vielfach alte Zuchthäuslinge befinden. Derjenige, an dem nicht allzuviel mehr zu verderben ist, wird auf das sorgfältigste vor jeder Berührung bewahrt. Derjenige dagegen, welcher nur einen kleinen Fehltritt begangen hat, wird der moralischen Ansteckung in vollem Umfange ausgesetzt. Professor Binding hat diesen Zustand treffend mit den Worten bezeichnet: „man hat die Reform am falschen Ende angefaßt."

Darüber, ob für die Zuchthausstrafe das hier empfohlene ge-

---

[17]) Für den Nord-Ostseekanal sind allein für Erd- und Baggerarbeiten 150 Millionen Mark ausgeworfen, und die Regierung trifft zur Unterbringung der Arbeiter bei dem Bau im sanitären und Sicherheitsinteresse so umfassende Vorkehrungen, wie sie auch bei Verwendung von Sträflingen ausreichen würden. Ein hervorragender englischer Strafanstaltsdirektor, mit dem ich hierüber sprach sagte mir, „keine englische Regierung würde jemals das Geld für derartige Arbeiten bewilligt erhalten, sie würde vielmehr angewiesen werden, hierbei Sträflinge zu benutzen. Und in der That, wenn ich beauftragt würde, eine für Sträflinge geeignete öffentliche Arbeit zu suchen, ich könnte keine bessere finden, als diese, wo auf längere Zeit hinaus Gelegenheit zu verhältnismäßig anstrengender und dabei in sich abgeschlossener Arbeit geboten ist und die bei der Sträflingsarbeit möglichst zu vermeidende Berührung mit der Außenwelt schon nach der Natur der Sache kaum vorhanden ist. Hierzu freie Arbeiter zu verwenden, halte ich für Verschwendung". — So denkt man in dem reichen, aber praktischen England! Das „arme, sparsame" Deutschland muß mangels gehöriger Organisation des Gefängniswesens die Mittel dafür aufbringen, um diese Arbeiten durch freie Leute herstellen zu lassen!

[18]) Einen scharfen Ausdruck hat dieser Auffassung der bekannte Strafanstaltsdirektor Sichart gegeben, wenn er (in der Schrift: Rückfälligkeit der Verbrecher S. 42) sagt: „daß die Vollstreckung kurzzeitiger Strafen insbes. gegen die Anfänger im Diebeshandwerk gegenwärtig nachteiliger wirke, als gänzliche Straflosigkeit."

mischte System oder die Einzelhaft das Richtige ist, wird wohl noch recht lange Streit bestehen. Für die Gefängnisstrafe, welche bei uns in Deutschland eine durchschnittliche Dauer von 58 Tagen hat, ist unzweifelhaft die Einzelhaft der allein richtige Vollzugsmodus. Für den alten Bösewicht ist sie notwendig, damit ihm die kurzzeitige Freiheitsstrafe überhaupt noch als ein Übel erscheint; für denjenigen, der zum erstenmale mit dem Strafgesetze in Kollision gekommen ist, ist sie notwendig, damit er nicht in der Anstalt schlechter werde, als er vorher war, damit er nicht — wie es nach dem Ausspruche des Leiters des Gefängniswesens im Kgl. preuß. Ministerium des Innern Geh. Rat Illing (Blätter f. Gefängniskunde Jahrgang 1882 S. 87) heute geschieht — in dem Gefängnisse zum Verbrecher erst „angelernt" werde.

Wenn hier unter besonderer Berücksichtigung der regelmäßig kurzen Dauer der Gefängnisstrafe die Einzelhaft als der geeignetste Vollzugsmodus derselben empfohlen wird, so entsteht ganz von selbst die Frage, ob man es alsdann bei der in Deutschland bestehenden Maximaldauer der Gefängnisstrafe von 5 Jahren bewenden lassen kann.

Auch von den begeistertsten Anhängern der Einzelhaft wird nicht verkannt, daß bei einer längeren Zeit hindurch fortdauernden Isolierung des Gefangenen die Gefahr besteht, daß die körperliche und geistige Spannkraft desselben verloren gehe, daß die Strafe nachteilig auf Geist und Körper des Gefangenen wirke, ja daß derselbe durch die fortdauernde Entwöhnung vom Getriebe der Welt und vom Umgange mit denjenigen Lebenskreisen, in welche er nach seiner Entlassung zurücktreten soll, unbrauchbar für die Gesellschaft und das Leben werde. Die Frage, wie lange die Einzelhaft ohne eine derartige Gefahr dauern darf, wird bei den einzelnen Völkern nach ihren nationalen Charaktereigenschaften eine verschiedene Beantwortung erfahren müssen. In England, wo alle Gefängnisstrafen in Einzelhaft verbüßt werden, sieht man 2 Jahre als die höchste zulässige Dauer der Einzelhaft an und hat aus diesem Grunde die Maximaldauer der Gefängnisstrafe auf 2 Jahre festgesetzt. In Deutschland ist nach § 22 R. Str. G. B. eine Dauer der Einzelhaft von 3 Jahren als stets zulässig anerkannt.

Nimmt man diese letztere Grenze als die für Deutschland richtige an [19]), so ergibt sich daraus, daß bei Einführung der Einzel-

---

[19]) Dies dürfte aber nur unter der Voraussetzung zulässig sein, daß auch die Gefängnisstrafe in Deutschland in mehrere in sich verschiedene Perioden mit

haft als regelmäßigem Vollzugsmodus der Gefängnisstrafe die Maximaldauer der letzteren von 5 auf 3 Jahre herabgesetzt werden müßte. Dies ist denn auch der Vorschlag, den ich in Übereinstimmung mit der oben gegebenen theoretischen Erörterung mache.[20]) Ich habe dort auszuführen gesucht, daß es nicht nur mit Rücksicht auf den Bestraften und dessen Familie, sondern im Interesse der Allgemeinheit wünschenswert sei, die Freiheitsentziehungen möglichst zu vermindern und zu kürzen.

Was aber soll mit der übrigens nicht großen Zahl[21]) derjenigen gemacht werden, bei welchen der Richter heutigen Tages eine Gefängnisstrafe von 3 Jahren nicht als eine genügende Sühne ansieht? Ein Teil dieser Leute wird zu der Klasse von Gesetzesübertretern gehören, bei welchen es nicht genug ist, durch die Strafe eine abschreckende Wirkung auszuüben, sondern wo mit der Strafe auch ein erzieherischer Zweck zu erreichen gesucht werden muß. Hier wird an Stelle einer mehr als dreijährigen Gefängnisstrafe die neugeregelte Zuchthausstrafe treten müssen. Bei den übrigen dürfte die in Zukunft kürzer bemessene Strafe durch Hinzutreten von Strafschärfungen zu einem der Schwere der Gesetzesverletzung entsprechendem Strafübel zu gestalten sein.

Als Strafschärfung kennt das englische Recht bei dem imprisonment with hard labour die eigentliche Strafarbeit (Tretmühle 2c.). Da ich einen Zwang zu unproduktiver Arbeit unter allen Umständen für verwerflich erachte, so kann ich diese Strafschärfung nicht empfehlen. Die Strafschärfungen, welche eingeführt werden sollten, sind n. m. M.: harte Lagerstätte, Kostschmälerung und Absperrung in dunkler Zelle. Alle 3 Strafschärfungen sind dem österreichischen Recht bekannt und kommen dort vielfach zur Anwendung. Sie sind aber auch in Deutschland nicht unbekannt, sondern finden sich bei dem mittleren und strengen Arreste des

allmählich nachlassendem Strafzwange abgestuft wird, wie dies in England geschieht. Eine Strafe von einer Dauer von 3 Jahren darf nicht in gleichförmiger, monotoner Weise zur Vollstreckung gelangen.

[20]) Es läßt sich für diesen Vorschlag ferner anführen, daß es zweckmäßig ist, das Maximum der niederen Strafe bei dem Minimum der nächst schwereren Strafe — d. i. der neu zu gestaltenden Zuchthausstrafe — aufhören zu lassen. Die grundsätzliche Verschiedenheit der beiden Strafarten tritt dadurch in besonders scharfer Weise hervor.

[21]) Nach der Kriminalstatistik für das Jahr 1884 S. 42 betrug nur bei 0,92 % aller zu Gefängnisstrafe Verurteilten die Strafe 2 Jahre und darüber.

Reichs-Militärstrafgesetzbuchs vor. Eine kürzlich angestellte Erhebung, über welche in einem Schreiben des Reichskanzlers an den Reichstag vom 4. März 1886 berichtet wird, hat mit Bestimmtheit ergeben, daß gegen diese Strafschärfungen vom sanitären Gesichtspunkte aus keinerlei berechtigte Bedenken erhoben werden können. Ich sehe hiernach keinen Grund, weshalb dasjenige, was im Militärstrafgesetzbuche zugelassen ist, nicht allgemein eingeführt werden könnte.

Ich erachte es aber auch für wünschenswert, daß die angeführten Strafschärfungen bei der Haftstrafe zugelassen werden.

Die Haftstrafe, welche abgesehen von der qualifizierten Haft, heutigen Tags in einfacher Freiheitsentziehung besteht, hat für eine große Zahl von Übelthätern ganz den Charakter eines Strafübels verloren. Strafschärfungen erscheinen hier notwendig, um überhaupt der Strafe wieder eine abschreckende Wirkung zu sichern.

Es erscheint mir ferner der Erwägung wert zu sein, ob man nicht auch bei der Haftstrafe einen wenigstens eventuellen Arbeitszwang einführen sollte. Bei der englischen Strafe des imprisonment as a first class misdemeanant, welche in gewisser Hinsicht der deutschen Haftstrafe entspricht[22]), ist ein Teil der dem Bestraften gegenüber andern Gefangenen gewährten Privilegien davon abhängig gemacht, daß derselbe den zu seinem Unterhalt im Gefängnisse erforderlichen Aufwand aus eignen Mitteln bestreitet. Kann er dies nicht, so wird er von dem Gefängnisdirektor zu geeigneten Arbeiten angehalten, und aus dem Erträgnisse derselben werden die Kosten seines Unterhaltes gedeckt. Das hierin liegende Prinzip scheint mir ein richtiges zu sein. Es ist nicht zu billigen, daß derjenige, welcher ein Gesetz übertreten hat, Tage und Wochen lang müßig dasitzen und auf Kosten der Allgemeinheit leben darf, während er, wenn er nicht zur Bestrafung gelangt wäre, sich hätte anstrengen müssen, um sich seinen Lebensunterhalt zu verdienen. Also Arbeits-

[22]) Mehr Ähnlichkeit hat diese Strafe allerdings noch mit der deutschen Festungshaftstrafe. Es mag hier die Frage aufgeworfen werden, ob diese letztere Strafe nicht in größerem Umfange zur Anwendung gebracht werden sollte, als es nach dem R. Str. G. B. zulässig ist? Nach dem R. Str. G. B. kann auf Festungshaft nur bei Zweikampf und bei einzelnen politischen Delikten erkannt werden. Dürfte es nicht angezeigt sein, auch bei andern Delikten, insbesondere den Preßvergehen, die Festungshaft mit Rücksicht auf die Bildung und Lebensstellung der Delinquenten als Strafmittel zuzulassen?

zwang auch für die zu einer **Haftstrafe Verurteilten, falls dieselben die Kosten für ihren Unterhalt in der Anstalt nicht bestreiten können.**

Allerdings wird hierdurch in sehr vielen Fällen die Haftstrafe faktisch der Gefängnisstrafe im wesentlichen gleich werden. Daß auch die Haftstrafe nach der hier vertretenen Ansicht in Einzelhaft verbüßt werden müßte, braucht kaum noch hervorgehoben zu werden; die bei der Gefängnisstrafe für die Einzelhaft angeführten Gründe treffen hier, wo es sich um Strafen von noch viel kürzerer Dauer handelt, in noch erhöhtem Maße zu.

Ich erachte es nicht für meine Aufgabe, schon jetzt auf die Frage einzugehen, wie das hier Vorgeschlagene praktisch ins Werk gesetzt werden könnte. Nur einen Punkt möchte ich hervorheben. Wenn für die Verbüßung der Gefängnis- und der Haftstrafe die Einzelhaft als regelmäßiger Strafvollzugsmodus angenommen wird, so sind natürlicherweise unsere Gefängnisse umfassenden baulichen Veränderungen zu unterziehen. Die Gefahr liegt nahe, daß man in Anbetracht des hierdurch erforderlich erscheinenden erheblichen Kostenaufwands die Reform unterläßt oder doch hinausschiebt. Es sei deshalb darauf hingewiesen, in welcher Weise in England eine nicht minder umfassende Reform ohne erheblichen Kostenaufwand zur Durchführung gelangt ist.

Der Zustand der zur Verbüßung der Gefängnisstrafe in England bestimmten Anstalten war anfangs 1878, als der Staat diese Anstalten übernahm, ein wenig erfreulicher. Es gab damals 113 Gefängnisse, unter denen sich eine erhebliche Anzahl ganz kleiner Anstalten mit schlechten Einrichtungen und unverhältnismäßig hohen Verwaltungskosten befand. Die Regierung stellte von vornherein den Grundsatz auf, daß nur durch eine Zentralisation der Anstalten eine Verbesserung des Gefängniswesens ohne allzugroße Kosten möglich sei. Mit dieser Zentralisation ging man Schritt für Schritt vorwärts: man errichtete zunächst bei den schon bestehenden größeren Anstalten Anbauten, und zwar verwendete man hierzu ausschließlich Gefangenenkräfte. Sobald auf diese Weise genügender Raum geschaffen war, erfolgte die Schließung einer kleineren Anstalt und die Überführung des Gefangenenbestandes in die größere Anstalt[23]).

[23]) Die zur Schließung gelangten kleinen Anstalten haben vielfach eine Verwendung als Polizei-Gewahrsame gefunden.

Von 1878 bis 1886 hat sich die Zahl der Anstalten auf diese Weise von 113 auf 60 vermindert, und dieser Verminderungsprozeß dauert noch immer weiter fort.

Mit der Zentralisation der Anstalten ging dabei eine Spezialisierung derselben Hand in Hand. Einige Anstalten sind ausschließlich für weibliche, andre ausschließlich für männliche Gefangene bestimmt; in einigen Anstalten werden vorzugsweise Gefangene mit längerer Strafzeit untergebracht, und unter diesen letzteren Anstalten ist eine Spezialisierung nach dem Arbeitszweige, welcher hauptsächlich in der Anstalt betrieben wird, durchgeführt. Bei der Überweisung von Gefangenen mit längerer Strafdauer an eine Anstalt wird von vornherein darauf Rücksicht genommen, daß sich der Betreffende nach seiner bisherigen Beschäftigung und seinen Fähigkeiten für den in der einzelnen Anstalt betriebenen Arbeitszweig qualifiziert. Es ist auf diese Weise dafür gesorgt, daß sich in der Anstalt stets ein gewisser Stamm von Arbeitern des fraglichen Industriezweiges befindet, so daß größere Aufträge übernommen und mit Sicherheit ausgeführt werden können. Der sich hieraus für einen geeigneten und gewinnbringenden Arbeitsbetrieb ergebende Nutzen liegt auf der Hand, und es werden hierdurch die Kosten für den Transport des Gefangenen nach einer von seinem Wohnsitze entfernten Anstalt reichlich aufgewogen.

Die beiden Prinzipien der Zentralisation und der Spezialisierung der Anstalten müßten n. m. M. auch bei der Reform in Deutschland zur Anwendung gelangen. Diese Reform bietet wegen der großen Zahl von Amtsgerichtssitzen ganz besondere Schwierigkeiten. Bei jedem Amtsgerichte müssen Anstalten zur Unterbringung von Untersuchungsgefangenen vorhanden sein, und es ist jedenfalls ratsam, in diesen Anstalten auch die Gefangenen mit ganz kurzen Strafzeiten zu belassen, bei denen die Kosten einer Hin- und Zurück-Transportierung nach einer anderen Anstalt zu erheblich in das Gewicht fallen würden.

Nach meiner Meinung würde folgender Plan rationell sein:

1. Am Sitze des Amtsgerichts sind Strafen von einer Dauer bis zu 4 Wochen zu verbüßen.

2. Bei einer Strafdauer von 4 Wochen bis 6 Monaten erfolgt die Strafverbüßung am Sitze des nächstgelegenen Landgerichts.

3. Zur Verbüßung von Strafen über 6 Monate sind Zentralanstalten zu bestimmen — etwa in jeder preußischen Provinz eine

für männliche und für je 3 Provinzen eine gemeinschaftliche für weibliche Gefangene. In jeder derartigen Centralanstalt sind bestimmte Industriezweige einzuführen, und es ist schon bei der Bestimmung der Anstalt, in welcher der Einzelne seine Strafe verbüßen soll, darauf Rücksicht zu nehmen, daß er sich für die dort eingeführten Industriezweige qualifiziert.

Die Folge dieses Vorschlags würde zunächst eine erhebliche Entleerung der Amtsgerichtsgefängnisse sein, so daß hier nur wenig Neubauten nötig wären und man sich im allgemeinen damit begnügen könnte, die bestehenden Anstalten zur Vollstreckung von Einzelhaft geeignet einzurichten. Auch für die Zentralanstalten dürften nur wenig Neubauten erforderlich sein, da in Zukunft die Zuchthaussträflinge nur 6 Monate in Einzelhaft verbleiben und für das Stadium der gemeinschaftlichen Zwangsarbeit besondere Einrichtungen[24]) zu treffen sein würden. Die Hauptsache würde demnach eine Vergrößerung der Landgerichtsgefängnisse sein. Dies aber dürfte eine geeignete Beschäftigung für die Sträflinge im Stadium der gemeinschaftlichen Zwangsarbeit abgeben. Die baren Unkosten für die erforderlichen Bauten würden hiernach nicht allzu erhebliche sein.[25])

Aber diese baulichen Veränderungen sind nicht das einzige, was zu einer Durchführung der Reform notwendig ist. Auch bezüglich der Gefängnisbehörden und -Beamten bedarf es umfassender Änderungen, wenn die Reform zu dem erstrebten Ziele führen soll.

Ob eine Zentralgefängnisbehörde für ganz Deutschland einzurichten ist, mag hier eine offene Frage bleiben. Ich möchte dieselbe bejahen, da sie mir Konsequenz und Bedingung eines einheitlichen Strafrechts und Strafvollzugs zu sein scheint.

Unter allen Umständen aber ist der in Preußen bestehende Dualismus im Gefängniswesen, wonach dasselbe teils dem Justiz-

[24]) Die englischen Einrichtungen könnten hierfür als Muster dienen, also: Beschränkung auf das allernotwendigste und nicht wiederum kostspielige Gefängnisbauten!

[25]) Zur Unterbringung der bei den Umbauten beschäftigten Sträflinge müßten provisorische Einrichtungen getroffen werden, wie sich dies in England ohne große Schwierigkeit hat bewerkstelligen lassen. cf. die Darstellung über die Errichtung von Wormwood Scrubs auf S. 172 meines Buches.

minister, teils dem Minister des Innern untersteht,[26]) zu beseitigen, und zwar am besten dadurch, daß man eine dem englischen Prison Department ähnliche selbstständige Behörde mit technischen Beiräten schafft.[27])

Sodann bedarf zweifellos auch das Material unserer Gefängnisbeamten einer Verbesserung.

Bezüglich der Gefängnisbeamten gelten heute in Preußen noch Bestimmungen, welche mit den allgemeinen Beamtengrundsätzen in vollem Widerspruche stehen. Während sonst durchweg der Grundsatz gilt, daß der Beamte eine feste Besoldung erhält, wird dem Gefängnisbeamten ein je nach der Höhe des Arbeitsverdienstes schwankender, also unsicherer Zuschuß aus diesem Verdienste gewährt. Die Gefängnisbeamten erfüllen aber einfach ihre Pflicht, wenn sie dafür sorgen, daß die Gefangenen in gehöriger, zweckentsprechender Weise beschäftigt werden. Die Gewährung einer besonderen Gratifikation für diese Pflichterfüllung erscheint durchaus ungerechtfertigt, abgesehen davon, daß hieraus Ungerechtigkeiten entstehen, weil die Höhe des Arbeitsverdienstes nicht nur von den Leistungen der Beamten, sondern von der Zahl und dem Material der Gefangenen und den lokalen Verhältnissen abhängig ist. Ebensowenig ist es zu verstehen, weshalb der sonst geltende Grundsatz, daß mit der Anciennität die Höhe des Gehaltes steigt, bei den Gefängnisbeamten nicht zur Anwendung gelangt.

Der hierdurch geschaffenen Ausnahmestellung der Gefängnisbeamten ist es jedenfalls teilweise zuzuschreiben, daß sich für den Gefängnisdienst so wenige, wirklich tüchtige Personen melden. Wahrscheinlich wird man aber auch zu Gehaltsaufbesserungen schreiten müssen, wenn man wirklich qualifizierte Beamte erhalten will.[28]) Man halte einmal die in England geltenden Vorbedingungen für die Anstellung der Gefängniswärter (S. 154 ff. m. Buches) dem Personale gegenüber, welches sich in unseren kleinen und mittleren Gefängnissen vorfindet!

---

[26]) Die in Preußen seit 1873 bestehende Zentralkommission für das Gefängniswesen hat lediglich begutachtende Funktionen.

[27]) Ich stimme Krohne vollständig bei, wenn er verlangt (Zeitschr. f. d. ges. Strafrechtsw., Bd. I., S. 74 f.), daß dieser Behörde auch die Korrektionsanstalten für Bettler und Vagabunden und die Zwangserziehungsanstalten unterstellt werden sollten.

[28]) Diese Ansicht spricht auch Gefängnisdirektor Kaldewey in der Zeitschrift f. d. ges. Strafrechtsw., Bd. V., S. 708 aus.

Erst wenn man eine Reform an Haupt und Gliedern hier vorgenommen hat, wird man an die Einführung von durchgreifenden Verbesserungen in der Gefängnisverwaltung denken können. Bis dahin mag denn auch die nähere Erörterung der Frage, was wir bezüglich der Beschäftigung, der Beköstigung, der Sorge für die Gesundheit der Gefangenen rc. aus England lernen können, aufgeschoben werden.

IV.

A. Die seit einigen Jahren von der deutschen Reichsregierung aufgenommene Kolonialpolitik hat vielfach die Frage nach Strafkolonieen und die Forderung der Einführung der Deportationsstrafe bei uns wachgerufen.[29]) Es ist dabei häufig auf England exemplifiziert worden. Und in der That bietet England für diese Frage besonders reiche Erfahrungen. Aus Rücksicht hierauf habe ich in meinem Buche (Seite 36—50) die englische Transportationsstrafe in der verschiedenartigen Gestalt, welche sie im Laufe der Entwickelung angenommen hat, eingehend geschildert, obwohl seit dem Jahre 1857 auf diese Strafe nicht mehr erkannt werden kann.

Die von mir dargestellte Entwickelung der englischen Transportationsstrafe dürfte vor allem klargelegt haben, daß diese Strafe in ihrem Wesen und in ihrer Wirkung vollständig von den jeweiligen Verhältnissen der betreffenden Kolonie abhängig erscheint. Wer daher die Einführung der Transportations- (oder: Deportations-) strafe empfiehlt, wird zunächst anzugeben haben, nach welcher Kolonie die Sträflinge gesandt werden sollen.

Die Kolonie muß jedenfalls in bequemer Verbindung mit dem Mutterlande sein, eine ausgiebige Beschäftigung mit Ackerbau und sonstigen Arbeiten der Landeskultur ermöglichen, insbes. in klimatischer Beziehung gesund sein und endlich durch eine ausreichende Seemacht für alle Fälle, auch für Kriegszeiten, gesichert erscheinen. Man wird sodann weiter bedenken müssen, daß die von England gemachten Erfahrungen lehren, daß die Transportation nach irgend einer Kolonie immer nur für eine beschränkte Zeit möglich ist und aufgegeben werden muß, sobald sich die Kolonie weiter entwickelt und die Zahl der freien Kolonisten, welche sich der Übersendung

[29]) Die Bewegung hat noch dadurch in jüngster Zeit eine Verstärkung erfahren, daß in Frankreich durch das sog. Recidivistengesetz vom 12. Januar 1885 die Deportationsstrafe eingeführt worden ist.

von Sträflingen auf die Dauer widersetzen werden, zugenommen hat. Es ist also bei Einführung der Strafe darauf Bedacht zu nehmen, daß auch in Zukunft für den Zweck geeignete Kolonieen vorhanden sein werden, sonst würde die Strafe von vornherein nur als eine vorübergehende Maßregel angesehen werden können.

Schon hiernach wird man wohl bezweifeln dürfen, ob es Deutschland überhaupt möglich wäre, die Deportationsstrafe bei sich einzuführen. Und die Kostspieligkeit, welche sich auf die Dauer bei allen Strafkolonieen herausgestellt hat, ist hierbei noch gar nicht berücksichtigt worden!

Gegen die Deportationsstrafe sind von dem hier vertretenen Standpunkte aus aber noch weitere Einwendungen zu machen, welche im wesentlichen mit denjenigen übereinstimmen, was in dem Berichte des Komitees des englischen Unterhauses über die Transportationsstrafe vom Jahre 1838 ausgeführt wurde. Es wird hier vor allem hervorgehoben, daß die zwangsweise Wegsendung nach einer Kolonie auf die also Bestraften einen sehr verschiedenartigen Eindruck macht: während derjenige, welcher Anhänglichkeit an sein Vaterland und an seine Familie besitzt, die Entfernung nach einer entlegenen Gegend sehr schwer empfinden wird, erscheint die Transportation vielfach gerade den schweren Verbrechern, bei welchen derartige Gefühle nicht vorhanden sind, gar nicht als ein Strafübel, ja häufig, wenn die betreffende Kolonie in gedeihlicher Entwickelung begriffen ist, geradezu als eine Wohlthat. Die Transportation kann demnach als ein der Gerechtigkeit entsprechendes Strafübel, welches zugleich dem Abschreckungszwecke genügt, nicht angesehen werden.[30])

Wenn somit die Transportation als Strafmittel entschieden zu verwerfen ist, so ist es eine ganz andre Frage, ob man nicht die freiwillige Auswanderung Bestrafter nach Verbüßung ihrer Strafe auf alle Weise befördern sollte. Es geschieht dies in England und sollte auch in Deutschland geschehen. In der fernen Kolonie wird der Bestrafte ohne weiteres frei von all' den Fesseln, welche ihm seine Vergangenheit im alten Vaterlande anlegt, und er findet dort Raum zur freien Entfaltung seiner Kräfte. Der Wiedereintritt in die bürgerliche Gesellschaft mittels redlicher Beschäftigung, das Beginnen eines neuen Lebens ist ihm so er-

[30]) Uebrigens wird auch von den Anhängern der Besserungstheorie die Deportationsstrafe verworfen, und zwar n. m. M. auch von diesem Standpunkte aus mit vollem Rechte.

leichtert, die Gefahr eines Rückfalls in die frühere schlechte Lebensweise ist erheblich gemindert.[31])

B. Die andre Strafe, welche in letzter Zeit mehrfach — und zwar wiederum unter Hinweis auf England — zur Einführung in Deutschland empfohlen wurde, ist die Prügelstrafe.

Es ist nun richtig, daß in England noch heutigen Tages körperliche Züchtigung als allgemeines Strafmittel besteht. Allein man muß sich davor hüten, hieraus allzuweit gehende Schlüsse zu ziehen. In dem konservativen England entschließt man sich bekanntlich sehr schwer, zu einer direkten Aufhebung einer gesetzlichen Einrichtung, man läßt die Einrichtung in der Praxis immer mehr und mehr obsolet werden, bevor man an eine gesetzliche Änderung herangeht. Deshalb ist bei englischen Verhältnissen neben den gesetzlichen Bestimmungen stets auch ihre Handhabung in der Praxis zu berücksichtigen. Thut man dies, so wird man gerade bezüglich der Prügelstrafe zu ganz anderen Schlüssen gelangen, als bei ausschließlicher Betrachtung der gesetzlichen Bestimmungen.

Während nämlich die körperliche Züchtigung gesetzlich als allgemeines Strafmittel besteht, wird dieselbe in der Praxis bei weiblichen Personen überhaupt nicht mehr, bei erwachsenen männlichen Personen nur in zwei, in einem Gesetze von 1863 aufgeführten Fällen einer besonders rohen Gewaltthätigkeit, und allein bei jugendlichen Personen männlichen Geschlechts wirklich häufig zur Anwendung gebracht. Und aus der allmählich vor sich gegangenen Einschränkung der Anwendung der Prügelstrafe in der Praxis kann man mit mindestens ebensoviel Recht Schlüsse ziehen, als aus dem gesetzlichen Fortbestehen des Strafmittels. Bemerkenswert bleibt aber allerdings unter allen Umständen die Thatsache, daß gegen die Prügelstrafe in ihrer heutigen Anwendung Bedenken in England nicht bestehen.

Für Deutschland wird man n. m. M. die Prügelstrafe als allgemeines Strafmittel nicht empfehlen können. Dagegen nehme ich keinen Anstand, hier für die Einführung der Prügelstrafe als besonderes Strafmittel für jugendliche Personen

---

[31]) N. m. M. würde auch gegen eine staatliche Unterstützung der Auswanderung von solchen Strafentlassenen nichts einzuwenden sein, von denen nach ihrem Alter, ihrer körperlichen Gesundheit und ihren sonstigen Eigenschaften zu erwarten ist, daß sie in den Kolonien sich eine neue Existenz zu gründen in der Lage sind. Eine derartige Ausgabe erscheint als eine sowohl für die Kolonien als für das Mutterland nutzenbringende Anlage.

einzutreten. Die Einführung der Prügelstrafe als allgemeines Strafmittel kann n. m. M. nur in Frage kommen, wenn unzweifelhaft feststeht, daß die bestehenden Strafmittel auch mit den hier vorgeschlagenen Strafschärfungen als ein gerechtes Strafübel gegenüber gewissen Straffällen nicht ausreichen. Man möge es also zunächst einmal mit den Strafschärfungen versuchen.

Anders liegt die Sache bei den Jugendlichen! Die gegen dieselben heute möglichen Strafmittel sind im wesentlichen auf Gefängnis und Verweis beschränkt. Die Auferlegung einer Geldstrafe führt hier nur in seltenen Fällen zu einem Resultate; regelmäßig muß die dafür substituierte Freiheitsstrafe eintreten.

Auf einen Verweis wird heutigen Tages bei Jugendlichen recht vielfach erkannt,[32]) aber häufig nur deshalb, weil der Richter aus noch anzuführenden Gründen sich nicht entschließen kann, den betreffenden Jugendlichen zu Gefängnis zu verurteilen. Daß der Verweis an sich gerade bei Jugendlichen eine wenig angebrachte Strafe ist, darüber dürfte niemand in Zweifel sein, der die Verhältnisse aus eigener Anschauung kennt. Es sind selten Gymnasiasten, welche bei einem Strafverfahren gegen Jugendliche uns gegenüberstehen, sondern regelmäßig Kinder der niederen Volksklasse, denen die Bedeutung des Verweises nur selten zum Bewußtsein kommt und die darin ein Strafübel zu sehen nicht vermögen.[33])

Was nun die Anwendung der Gefängnisstrafe bei Jugendlichen anbetrifft, so treten hierbei in Deutschland erhebliche Mißstände hervor.

Niemand wird daran zweifeln, daß es unbedingt notwendig ist, die bestraften Jugendlichen von den erwachsenen Verbrechern vollständig zu trennen, um die Gefahr einer moralischen Ansteckung fernzuhalten, und daß es ferner dringend wünschenswert ist, die

---

[32]) Neuerdings ist mehrfach der Wunsch ausgesprochen worden, den Verweis zu einem allgemeinen, auch bei Erwachsenen zulässigen Strafmittel zu machen. Ich erachte für alle die Fälle, in denen man von einer eigentlichen Strafe Abstand nehmen will (vgl. oben), die Friedensbürgschaft für eine viel wirksamere Maßregel, als die Erteilung eines Verweises.

[33]) Ich habe bei der Staatsanwaltschaft und als Schöffenrichter häufig Veranlassung gehabt, Verweise zu erteilen und ich habe mich bemüht, dies immer in möglichst feierlicher Weise — als Schöffenrichter stets in öffentlicher Sitzung — zu thun, aber ich habe die Ueberzeugung, daß die Erteilung des Verweises nur selten eine nachhaltige Wirkung gehabt hat. Einige Thränen momentaner Beschämung beweisen nichts!

Jugendlichen einer andern Behandlung als die Erwachsenen zu unterwerfen und zu diesem Zwecke besondere Strafanstalten für Jugendliche zu errichten. Dies ist auch der im letzten Absatze des § 57 des R. Str. G. B. deutlich zum Ausdruck gebrachte Gedanke des deutschen Gesetzgebers. Aber diesem Gedanken entspricht die Wirklichkeit recht wenig.

Die Zahl der Strafanstalten für Jugendliche — selbst wenn man dahin die für Jugendliche bestimmten, getrennten Abteilungen in den Anstalten von Plötzensee ꝛc. rechnet — ist eine verschwindend kleine, und es kommen in diese Anstalten nur solche Jugendliche, welche mit relativ hohen Strafen belegt sind. Die große Masse der bestraften Jugendlichen verbüßen ihre Strafe in den Gerichtsgefängnissen,[34]) wo sie in ständige Berührung mit den Erwachsenen kommen und zu Verbrechern vollständig „angelernt" werden. Wie dies geschieht, ist so vielfach von sachverständiger Seite geschildert worden,[35]) daß auf diesen schwärzesten Punkt des deutschen Gefängnis-

---

[34]) Z. B. kann in meinem jetzigen Bezirke die Verbüßung der gegen einen Jugendlichen erkannten Strafe nur dann in einer Spezialanstalt (Plötzensee) erfolgen, wenn die Strafe 2 Monate oder mehr beträgt; alle andern bestraften Jugendlichen verbleiben in dem Gerichtsgefängnisse. Diese Bestimmung hat mich mehrfach gezwungen, dem Sinne des § 57 R. Str. G. B., wonach die Strafe bei einem Jugendlichen niedriger bemessen werden soll, als bei einem Erwachsenen, direkt zuwider zu handeln. Bei einer Strafthat, für welche bei einem Erwachsenen etwa auf 6 Wochen Gefängnis zu erkennen gewesen wäre und wo demnach eine Strafe von 4 Wochen für einen Jugendlichen gerechtfertigt sein würde, habe ich aus Rücksicht darauf, daß ich nach Lage des Falles unter allen Umständen die in dem Gerichtsgefängnisse vorhandene Gefahr einer moralischen Ansteckung vermeiden zu müssen glaubte, auf 2 Monate Gefängnis erkannt und in den Urteilsgründen einfach bemerkt, daß die Bemessung der Strafe so hoch erfolgt sei, weil aus den und den Gründen die Unterbringung des Bestraften in einer besonderen, zur Verbüßung von Strafen jugendlicher Personen bestimmten Anstalt notwendig erschien. Der Richter befindet sich hier wahrlich in keiner beneidenswerten Lage, wenn er vor die Alternative gestellt ist, entweder auf eine dem Gesetze nach zu hohe Strafe erkennen zu müssen oder gegenüber dem Jugendlichen gewissenlos zu handeln. Auch die Fälle sind nicht selten, wo auf einen Verweis erkannt wird, nicht weil ein besonders leichter Fall (§ 57⁴ R. Str. G. B.) vorliegt, sondern weil man den Jugendlichen noch vor dem Gerichtsgefängnisse bewahren will.

[35]) Vgl. u. A. die Denkschrift von Krohne über „die Organisation des Gefängniswesens", in der es heißt: „Man bemüht sich, die Stockprügel im Interesse der Humanität abzuschaffen, wenn man aber junge Leute in solche Häuser (nämlich die Gerichtsgefängnisse) steckt und moralisch darin zu Grunde

wesens hier nicht näher eingegangen werden soll. Ich will es auch unterlassen, die schreckenerregenden Resultate dieser Behandlung der Jugendlichen, wie sie aus den Kriminalstatistiken hervortreten, hier vorzuführen und nur auf die Frage eingehen, wie ist zu bessern?

Zunächst müßte die Zahl der Spezialanstalten für Jugendliche erheblich vermehrt werden. Aber damit ist noch nicht sehr viel geholfen. Jugendliche, welche nur wenige Tage Gefängnis zu verbüßen haben, können nicht in eine Spezialanstalt gebracht werden. Abgesehen von dem Kostenpunkte würde die durch den Transport nach der Anstalt verbrauchte Zeit eine unverhältnismäßig lange sein. Die Jugendlichen mit kurzzeitigen Strafen in den Gerichtsgefängnissen vollständig zu isolieren, ist, selbst wenn der Raum dazu überall vorhanden wäre, auch nicht gut thunlich, weil dadurch die Strafe für den Jugendlichen einen ungebührlich harten Charakter annehmen würde: es fehlt in dem Gerichtsgefängnisse an einem gehörigen Unterricht und an einer Beaufsichtigung, an einer geeigneten Beschäftigung und an einem geistlichen Zuspruche für den also Isolierten; er würde ganz auf sich selbst angewiesen sein, und dies erscheint bei einem halben Kinde — es handelt sich um Personen zwischen 12 und 18 Jahren — eine grausame Härte.

Es bleibt nichts andres übrig, als fort mit den ganz kurzzeitigen Gefängnisstrafen für Jugendliche! Daß der Verweis keinen geeigneten Ersatz abgeben kann, ist schon ausgeführt worden. Die einzige Lösung ist: *an Stelle der ganz kurzzeitigen Gefängnisstrafen und auch für viele Fälle, in denen heute auf einen Verweis erkannt wird, die körperliche Züchtigung einzuführen.*

Ich glaube, es läßt sich gegen die Prügelstrafe bei Jugendlichen — wenn man sich nicht auf einen völlig unberechtigten, hypersentimentalen Standpunkt stellt — gar nichts einwenden. Der halbwüchsige Bursche erhält von seinem Vater und seinem Meister oft wegen recht harmloser Fehler Prügel, weshalb soll die Züchtigungsbefugnis dem Staate versagt bleiben? Der Meister züchtigt seinen Lehrjungen oft im Zorne ohne rechten Grund, das Züchtigungsrecht des Staates würde nur ausgeübt werden, nachdem in einem

---

richtet, so ist damit verglichen die Prügelstrafe eine Humanität und das Non plus ultra pädagogischer Kunst". (NB. *Krohne* ist als sehr entschiedener Gegner der Prügelstrafe bekannt!)

geordneten Verfahren das Vergehen festgestellt und in einem Urteile mit Gründen rechtskräftig auf Prügel erkannt worden ist.

Man wird ohne Schwierigkeit Vorkehrungen treffen können, daß die Gesundheit des Bestraften durch die Züchtigung keine Schädigung erfährt. Man kann — wie es in England geschieht, — die Maximalzahl der Schläge und das Instrument, mit welchem dieselben beigebracht werden, genau bestimmen; man kann den Jugendlichen vor Ausführung der Züchtigung vom Arzte untersuchen lassen; man kann anordnen, daß ein Arzt beim Vollzuge der Züchtigung zugegen sei und Halt gebiete, sobald er die Gefahr einer Gesundheitsschädigung als möglich annimmt.

C. Des Zusammenhangs halber sei hier gleich auf sonstige Maßregeln gegen jugendliche Übelthäter eingegangen. Ich glaube, daß man sich nicht auf Einführung der Prügelstrafe beschränken darf, wenn man ernstlich daran gehen will, der Armee der Verbrecher die Rekrutierung abzuschneiden. Man wird bei den Jugendlichen mit der Strafe eine Zwangserziehung in Verbindung bringen müssen, wie es in England mit großem Erfolge geschieht.

In England kann bei jeder Bestrafung eines Jugendlichen zu einer Gefängnisstrafe von 10 Tagen oder mehr zusätzlich auf Unterbringung in eine Besserungsanstalt (Reformatory School) erkannt werden. Der also Bestrafte verbleibt in der Anstalt, in welcher er durch eine streng geregelte Arbeitsausbildung zu einer geordneten redlichen Lebensthätigkeit erzogen wird, wenigstens 18 Monate, nach deren Ablauf er vorläufig entlassen werden kann. Diese vorläufige Entlassung wird immer nur auf 3 Monate ausgesprochen und kann bei schlechter Führung ohne weiteres widerrufen werden.

Neben dieser Überweisung an eine Reformatory School besteht ferner eine Überweisung an eine Erziehungsanstalt (Industrial School) von solchen Kindern,[36]) a) welche einer Gesetzesübertretung schuldig erkannt, aber in Ermangelung des straffähigen Alters oder der erforderlichen Einsicht freigesprochen worden sind, oder b) welche verwahrlost sind, oder c) welche sich zwar bisher einer eigentlichen Gesetzesübertretung noch nicht schuldig gemacht haben, von welchen jedoch nach ihren an den Tag gelegten

[36]) Die einzelnen Klassen von Kindern, welche in den Industrial Schools Aufnahme finden, sind ausführlich angegeben in meinem Buche: Das englische Armenwesen. Leipzig 1886, S. 336 f.

Charaktereigenschaften oder, weil sie sich in der Gesellschaft von Dieben oder Prostituierten aufhalten, zu befürchten steht, daß sie ohne eine derartige Maßregel dem Verbrechen anheimfallen werden.

Die Einrichtung der Industrial Schools stimmt im wesentlichen mit derjenigen der Reformatory Schools überein; es ist nur eine mildere Form dieser Institution. Von einem näheren Eingehen auf die Einrichtungen in diesen beiden Arten von Schulen kann hier Abstand genommen werden, mit Rücksicht darauf, daß dieselben durch Berichte anderer Autoren[37]) in Deutschland bereits in genügender Weise bekannt gemacht sind. Über die günstigen Resultate, welche in England mit diesen Schulen erreicht werden, besteht nur eine Stimme: von allen Sachverständigen wird die in den letzten Jahrzehnten in England eingetretene erhebliche Abnahme der strafbaren Handlungen zum überwiegenden Teile der segensreichen Thätigkeit dieser Schulen zugeschrieben.

Ich glaube nun, daß man sich in Deutschland an den englischen Einrichtungen ein Muster nehmen sollte. Eine Unterbringung von Kindern in Erziehungs- oder Besserungsanstalten ist schon in den §§ 55, 56 R. Str. G. B. und in dem preußischen Gesetze vom 13. März 1878 vorgesehen. Allein es fehlt bis jetzt noch an einer ausreichenden Anzahl derartiger Anstalten, und sodann muß gesetzlich eine erhebliche Erweiterung der Kategorieen von Kindern eingeführt werden, welche in diesen Anstalten untergebracht werden können. Es ist nicht rationell, — wie es jetzt bei uns geschieht — die Unterbringung in eine Anstalt erst eintreten zu lassen, nachdem eine strafbare Handlung begangen ist, sondern die Unterbringung ist, wie in England, auch als Präventivmaßregel bei solchen Kindern anzuwenden, bei denen die Gefahr besteht, daß sie dem Verbrechen anheimfallen werden. Ebensowenig ist die in Deutschland geltende Bestimmung rationell, daß es bei bestraften Jugendlichen auch dann bei der Strafe allein sein Bewenden hat, wenn nach Lage des Falles der Richter die Überzeugung haben muß, daß der Betreffende nach Verbüßung der Strafe wieder dem Verbrechen anheimfallen wird, falls sich nicht an die Strafe eine Zwangserziehung anschließt.

Wenn ich hiernach dafür eintrete, der Unterbringung in eine

---

[37]) Insbesondere durch den vortrefflichen Aufsatz des Landgerichtsdirektors Föhring in dem 14. Hefte des norddeutschen Vereins für Gefängniswesen.

Erziehungs- oder Besserungsanstalt diejenige Ausdehnung zu geben, welche in England besteht, so soll damit durchaus nicht eine einfache Übertragung der englischen Einrichtungen empfohlen werden. Es wird zu überlegen sein, ob man nicht die beiden Arten von Anstalten, welche ja im Grunde genommen dieselben Zwecke und auch im wesentlichen mit gleichen Mitteln verfolgen, vereinigen kann.[38]) Es wird ferner sicherlich richtiger sein, zur Verbüßung der gegen Jugendliche erkannten Gefängnisstrafen besondere Zellen in diesen Anstalten einzurichten, anstatt die bestraften Jugendlichen, wie es in England geschieht, erst in ein Gefängnis und von dort in eine Besserungsanstalt zu senden.[39])

D. Wie die in England bestehenden Einrichtungen gegen eine weitere Rekrutierung des Verbrechertums, so verdienen aber auch die bezüglich der Veteranen des Verbrechens getroffenen Präventivmaßregeln die allgemeine Beachtung.

Hierher gehört zunächst die Polizeiaufsicht. In der Gestalt, welche diese Institution heutigen Tages in England angenommen hat, enthält dieselbe in der That einen erheblichen Schutz der Gesellschaft gegen neue Rechtsverletzungen von seiten vorbestrafter Personen, und anderseits ist die bei der Polizeiaufsicht so leicht vorhandene Gefahr, daß der Strafentlassene dadurch in seinem Fortkommen behindert oder gar der öffentlichen Verachtung ausgesetzt werde, jetzt durchaus beseitigt. Dies Resultat ist nicht auf die jetzt geltenden gesetzlichen oder reglementarischen Bestimmungen zurückzuführen, welche im wesentlichen mit den auch bei uns bestehenden übereinstimmen, sondern auf die Art und Weise der Handhabung der Bestimmungen in der Praxis.

Es mag fraglich erscheinen, inwieweit wir in dieser Richtung von England lernen können, da die Verhältnisse dort vielfach andre sind, als bei uns. Es kommt zunächst in Betracht, daß die Polizei in England in der öffentlichen Meinung ein weit größeres Vertrauen genießt und demgemäß auch weit mehr auf eine Unterstützung ihrer Thätigkeit durch das Publikum rechnen kann, als es leider bei uns der Fall ist. Dazu tritt sodann die außerordentlich wichtige Hilfe,

---

[38]) Dies ist in England in der Middlesex Industrial School, welche sowohl als Reformatory wie als Industrial School dient, bereits geschehen.

[39]) Ein derartiger Vorschlag ist auch von der im Jahre 1883 berufenen königl. Kommission zur Untersuchung der Reformatory und Industrial Schools gemacht worden.

welche in England die vortrefflich geleiteten Vereine zur Unterstützung Strafentlassener der Polizei gerade bei der Ausübung der Polizeiaufsicht leisten, während bei uns leider bis jetzt die Zahl wie die Thätigkeit derartiger Vereine nur eine sehr beschränkte ist. Endlich werden in England — und daran könnten wir uns vielleicht ein Muster nehmen — mit großer Sorgfalt bei der Auswahl und mit nicht unerheblichen Kosten besonders tüchtige Beamte eigens für die Beaufsichtigung der Strafentlassenenen angestellt; in London besteht sogar für diesen Zweck eine Spezialabteilung bei der Polizei. Eine geeignete Ausübung der Polizeiaufsicht ist in der That eine so schwierige und delikate Aufgabe, daß dazu nicht jeder im übrigen recht tüchtige Polizeibeamte paßt.

Es bestehen sodann in England seit dem Jahre 1869 besondere Strafbestimmungen gegen Personen, welche bereits 2 mal wegen gewisser schwerer Verbrechen und Vergehen bestraft worden sind. Gegen solche Subjekte kann innerhalb eines Zeitraums von 7 Jahren nach Verbüßung der letzten Strafe von einem Gerichtshofe mit summarischer Gerichtsbarkeit auf Gefängnis bis zu 1 Jahr erkannt werden:

a) wenn ein Polizeibeamter den Betreffenden beschuldigt, daß derselbe sich seinen Lebensunterhalt auf unredliche Weise beschaffe und der Richter diese Beschuldigung als vernünftigerweise annehmbar erachtet;

b) wenn der wegen irgend einer strafbaren Handlung Angeschuldigte seinen richtigen Namen und seine richtige Wohnung vor Gericht nicht angibt;

c) wenn der Betreffende an einem öffentlichen oder privaten Orte unter Umständen getroffen wird, welche dem Richter die Überzeugung geben, daß derselbe im Begriffe war, irgend eine strafbare Handlung zu begehen oder Beihilfe zu einer strafbaren Handlung zu leisten, oder auf eine Gelegenheit hierfür wartete;

d) wenn der Betreffende in einem Wohn- oder Geschäftsraume, Garten, Lagerplatze u. s. w. getroffen wird, ohne seinen Aufenthalt dort genügend rechtfertigen zu können.

Am weitgehendsten unter diesen Bestimmungen ist die unter c) angeführte: hier wird schon der Verdacht des Wartens auf eine Gelegenheit zur Begehung einer strafbaren Handlung als ein genügender Thatbestand für eine Bestrafung erklärt, eine Bestimmung, welche sich mit allgemeinen strafrechtlichen Grundbegriffen kaum in

Einklang bringen läßt und lediglich aus dem Zweckmäßigkeitsgrunde gerechtfertigt werden kann, diese gemeingefährlichen Personen während der ersten Jahre nach ihrer Strafentlassung auf jede Weise von der Möglichkeit der Begehung strafbarer Handlungen fern zu halten. Für diese kritische Zeit werden derartige Personen von der sonst bei Angeklagten geltenden Vermutung des Nichtschuldig einfach ausgeschlossen.

Daß gerade in England solche Bestimmungen möglich sind, zeigt, wie ernst man es dort mit dem Schutze der Gesellschaft vor rückfälligen Verbrechern nimmt. Die Frage, ob man sich nicht in Deutschland in umgekehrter Richtung auf dem gefährlichen Wege befindet, über dem Verbrecher das Schicksal der Gesellschaft, welche durch ihn gefährdet wird, zu vergessen, darf wohl hier angeregt werden. Man wird vielleicht auch in Deutschland einmal dahin kommen, bei der Behandlung mehrfach vorbestrafter Subjekte in erster Linie den Schutz der Gesellschaft in das Auge zu fassen.

E. Die beiden Strafmittel, von denen nach den im Abschnitte II aufgestellten Grundsätzen zu wünschen ist, daß sie in umfassendem Maße an die Stelle andrer Bestrafungen treten, sind: Geldstrafe und Friedensbürgschaft.

Was die Geldstrafe anbetrifft, so ist in dem früheren Abschnitte bereits auf die beiden Momente hingewiesen, durch welche heutigen Tages eine weitere Anwendung dieses Strafmittels in Deutschland gehemmt erscheint, während derartige Hemmnisse in England nicht bestehen.[40])

Die Bestimmungen der §§ 27—29 R. Str. G. B. machen es, wie oben ausgeführt wurde, bei reichen Angeklagten vielfach unmöglich, die Geldstrafe zu einem nach den Vermögensverhältnissen des einzelnen empfindsamen Übel zu gestalten. Mit der Forderung, daß sich die Höhe der Geldstrafe mehr als bisher nach den Ververhältnissen des Gesetzesübertreters richten soll, wird keineswegs einer teilweisen Vermögenskonfiskation das Wort geredet. Man mag eine — nur nicht zu niedrig bemessene — Maximalgrenze der Geldstrafe beibehalten. Aber der Richter muß in der Lage sein, die Geldstrafe im Einzelfalle hoch genug bemessen zu können, um ihr den Charakter eines Strafübels zu wahren, und zu gleicher Zeit muß

---

[40]) In England machten die Geldstrafen etwa ¾ aller vor den Gerichtshöfen mit summarischer Jurisdiktion erkannten Strafen aus.

er die im Nichtzahlungsfalle eintretende Freiheitsstrafe der Schwere der Strafthat entsprechend gestalten können. Es ist unrichtig, eine feste Relation zwischen Geldstrafe und Freiheitsstrafe aufzustellen, wie dies im R. Str. G. B. geschehen ist, und die Verschiedenheiten in den Vermögensverhältnissen bewegen sich wahrlich in andern Grenzen, als sie in den Bestimmungen der §§ 27—29 R. Str. G. B. gegeben sind.

Der andere, ebenfalls oben erwähnte Mangel besteht darin, daß dem Nichtvermögenden die Abtragung der Geldstrafe in keinerlei Weise erleichtert wird und daß in folge dessen die eventuell festgesetzte Freiheitsstrafe so häufig vollstreckt werden muß. Der Richter kann, so sehr es ihm auch nach Lage der Sache angebracht erscheint, weder Stundung noch Teilzahlung bewilligen. Wenn der Bestrafte die Geldstrafe nicht sofort und auf einmal entrichten kann, so hat er sich in Preußen, unter Angabe bescheinigter Hinderungsgründe an die Staatsanwaltschaft zu wenden, welche ihm höchstens auf 4 Wochen Aufschub erteilt. Ein längerer Aufschub kann nur vom Oberstaatsanwalt auf besondere Befürwortung seitens der Staatsanwaltschaft bewilligt werden und kommt in der Praxis sehr selten vor. Der gewöhnliche Arbeiter wird nun aber nur schwer im stande sein, eine Geldstrafe von 60 Mark auf einmal aufzubringen, während er recht wohl monatlich 5 Mark zur Tilgung der Strafe abtragen kann.

Es enthält eine ungerechtfertigte Härte, daß ihm dies — etwa mit dem Zusatze, daß bei nicht pünktlicher Zahlung einer Rate der gesamte Restbetrag als nicht gezahlt erachtet werde — nicht von vornherein vom Richter bewilligt werden kann, und daß er dann mangels Zahlung in das Gefängnis wandern muß. Durch die hierdurch veranlaßte häufige Anwendung der Freiheitsstrafen wird ferner, wie oben schon ausgeführt wurde, eine erhebliche Schädigung des Nationalvermögens hervorgerufen. Es ist daher wünschenswert, daß man in Deutschland in gleicher Weise, wie es in England der Fall ist, dem Richter die Möglichkeit gewährt, von vornherein eine der Lage des einzelnen Falles entsprechende Bestimmung über die Art und Weise der Zahlung der Geldstrafe zu treffen.

Man kann vielleicht noch einen Schritt weiter gehen und die Frage aufwerfen, ob es überhaupt gerechtfertigt ist, an die Stelle einer nicht beizutreibenden Geldstrafe Freiheitsstrafe zu setzen? Würde es nicht möglich sein, die im § 14 des preuß. Forstdiebstahlgesetzes vom 15. April 1878 enthaltene Bestimmung zu generalisieren, wonach es einem Verurteilten, der eine Geldstrafe nicht zahlen kann, gestattet ist, die Strafe durch Arbeitsleistung abzutragen? Der Verurteilte würde dadurch von der Schmach befreit, im Gefängnisse gesessen zu haben, er würde von seiner Familie nicht getrennt und in seinen Erwerbsverhältnissen weniger gestört werden, und auch der Staat würde finanziell dabei besser fahren, als wenn der Betreffende auf Staatskosten in einer Gefangenanstalt eingeschlossen wird.

F. Die Einführung der Friedensbürgschaft ist in Deutschland schon einmal ernstlich in Betracht gezogen worden. Im Jahre 1875 wurde dem Bundesrate eine Vorlage gemacht, diese Institution aus dem englischen Rechte zu übernehmen. Leider ist die Vorlage damals gescheitert. Auf der einen Seite wurden theoretische Bedenken gegen das Institut mit seinem teils polizeilichen teils strafrechtlichen Charakter vorgebracht, auf der andern Seite wurden Einzelbestimmungen der Vorlage angegriffen. Gegenüber den theoretischen Einwendungen habe ich oben schon auf Zweckmäßigkeitsgründe hingewiesen, welche die Einführung der Institution rechtfertigen würden. Und wenn man erst wirklich von der Zweckmäßigkeit der Institution überzeugt ist, so wird es schon möglich sein, sich bezüglich der Einzelbestimmungen zu einigen.

Was aber die Zweckmäßigkeitsfrage anbetrifft, so konnte in den Motiven der Vorlage des Bundesrats mit Recht hervorgehoben werden, daß sich die Friedensbürgschaft im englischen Rechte als Mittel bewährt habe, beabsichtigten Verbrechen nicht bloß polizeilich, sondern auch im Rechtswege erschwerend und hindernd entgegenzutreten. Aber sie dient nicht nur in umfassendem Maße den Bedürfnissen der Rechtssicherheit, sondern sie ermöglicht es auch, den Gebrauch andrer Strafmittel einzuschränken. Ich habe sie in dieser Richtung in meinem Buche (S. 101 f.) als wirksamen Ersatz der Polizeiaufsicht mit ihren mannigfachen nachteiligen Folgen bezeichnet, und weiter ausgeführt, daß durch die Friedensbürgschaft in manchen Fällen die Freiheitsstrafen verkürzt werden könnten.

Die Friedensbürgschaft besteht in England darin, daß der Angeklagte sowie eine vom Richter bestimmte Anzahl von Bürgen eine Verpflichtung eingehen auf Zahlung einer gewissen Geldsumme für den Fall, daß der Angeklagte innerhalb eines gewissen Zeitraums eine strafbare Handlung begeht. Tritt dieser Fall ein, so werden die Kautionsbeträge von dem Angeklagten und den Bürgen eingezogen, während sich die Friedensbürgschaft erledigt, wenn der Angeklagte innerhalb des bestimmten Zeitraums sich keiner strafbaren Handlung schuldig macht. Mit Recht hatte die Bundesratsvorlage an Stelle des Eingehens einer schuldnerischen Verpflichtung Kautionsstellung durch Hinterlegung oder sonstige Realsicherheit verlangt.

Nach englischem Rechte ist die Friedensbürgschaft bei der Mehrzahl der Delikte als Nebenstrafe neben einer zuerkannten Freiheits- oder Geldstrafe zulässig. Nach der Bundesratsvorlage war die Zulässigkeit an die Verurteilung wegen einer beschränkten Zahl von Delikten (insbes. Körperverletzung, Sachbeschädigung, Störung des öffentlichen Friedens) geknüpft. In dieser Vorlage wurde ferner die Friedensbürgschaft auf den Fall der Wiederholung desselben, bestimmt bezeichneten Deliktes beschränkt, während in England der Richter die Friedensbürgschaft ganz allgemein für Erhaltung des Friedens oder für gutes Verhalten fordern kann, so daß dieselbe bei Begehung irgend einer strafbaren Handlung verwirkt ist. Diese Unterschiede sind zwar erhebliche, aber berühren doch nicht das Wesen der Sache, welches eben darin besteht, die Gesellschaft gegen Gefahren zu schützen, welche ihr von Leuten drohen, die bereits eine strafbare Handlung begangen haben.

Welche Vorteile bringt nun die Friedensbürgschaft mit sich? Nehmen wir den Fall, der Angeklagte habe sich einer Sachbeschädigung oder Körperverletzung schuldig gemacht und dabei ein so jähzorniges und rohes Wesen an den Tag gelegt, daß die Gefahr einer späteren Wiederholung der That vorhanden ist. Der Richter erachtet 3 Monate Gefängnis als genügende Sühne für die zur Anklage stehende That; er hat jedoch den Wunsch, durch die Strafe der späteren Begehung einer ähnlichen That nach Kräften vorzubeugen. Er wird durchaus berechtigt sein, unter Berücksichtigung der an den Tag gelegten Gemeingefährlichkeit auf eine Strafe von 4 oder 5 Monaten zu erkennen, falls er damit den Angeklagten wirklich zu bessern hofft, oder er kann unter Umständen auch die Zulässigkeit von Polizeiaufsicht aussprechen. Würde die Institution der Friedensbürgschaft bestehen, so würde der Richter wahrscheinlich zu dieser Maßregel als Zusatzstrafe zu einer Strafe von 3 Monaten Gefängnis greifen und dem Angeklagten sowie einem Bürgen eine Sicherheitsleistung auf die Dauer eines Jahres auferlegen. In den meisten Fällen wird dies ein viel sicherer Schutz vor einem

Rückfalle sein, als eine verlängerte Freiheitsstrafe oder die Polizei-Aufsicht. Dem Angeklagten ist in sehr greifbarer Weise vor Augen gehalten, welchem Nachteile er sich aussetzt, wenn er wiederum seinem Jähzorne die Zügel schießen läßt; er hat somit alle Veranlassung, sich während des Jahres zusammenzunehmen, und er wird durch die während eines Jahres geübte Beherrschung seines Willens mehr gebessert werden, als wenn er 1—2 Monate länger im Gefängnisse gesessen hätte. Und der Bürge, welcher Sicherheit für das gute Verhalten des Angeklagten gestellt hat, wird in seinem eignen Interesse besser auf denselben acht geben, als es irgend ein Polizeimann kann. Die Friedensbürgschaft bietet somit einen wirksameren Schutz als andre Maßregeln, und es sind mit ihr nicht die Nachteile verbunden, welche bei den andern Strafmitteln unvermeidlich sind.

Wie aber, wenn der Angeklagte die verlangte Summe nicht hinterlegen will oder einen Bürgen nicht finden kann? Ja, dann bleibt es eben in dem betreffenden Falle so, wie es vor Einführung der Institution der Friedensbürgschaft war; an die Stelle der nicht geleisteten Friedensbürgschaft tritt wiederum die verlängerte Freiheitsstrafe oder eventuell die Polizeiaufsicht.

Nach englischem Rechte — und dasselbe bestimmte auch die Bundesratsvorlage — hat der Richter von vornherein die Freiheitsstrafe festzusetzen, welche für den Fall der Nichtleistung der Friedensbürgschaft eintreten soll. Ich würde es für rationeller halten, wenn es in das richterliche Ermessen gestellt würde, ob für den konkreten Fall Freiheitsstrafe oder Polizeiaufsicht als das geeignetere der Friedensbürgschaft zu substituieren sei.

Ich zweifle nicht, daß der besserungsfähige und besserungswillige Angeklagte regelmäßig alles daran setzen wird, die Friedensbürgschaft zu leisten, um die für ihn viel drückendere Eventualstrafe zu vermeiden.[41])

---

[41]) Gegen die Institution der Friedensbürgschaft kann n. m. M. nur der eine Einwand mit Recht erhoben werden, daß hier der Unvermögende, welcher die Friedensbürgschaft nur sehr schwer und möglicherweise gar nicht aufbringen kann, schlechter gestellt sei als der Vermögende. Allein eine derartige thatsächliche Rechtsungleichheit ist ganz in demselben Maße bei der Geldstrafe vorhanden. Die Höhe der verlangten Friedensbürgschaft müßte sich natürlich in gleicher Weise wie diejenige der Geldstrafe nach den Vermögensverhältnissen des Betreffenden richten.

V.

Ich bin am Schlusse dieser, im engen Anschlusse an mein Buch über Strafensystem und Gefängniswesen in England unternommenen Erörterungen zur Reform des deutschen Strafenwesens![42]) Wenn die eine oder andre der hier gegebenen Anregungen bei der Reform eine praktische Verwertung finden würde, so müßte mich dies natürlich sehr freuen. Allein, die Hauptsache scheint mir zunächst zu sein, daß sich die Überzeugung von der Notwendigkeit einer Reform überall durchbricht. Und wenn meine Arbeit dazu beitragen sollte, dieser Überzeugung in weiteren Kreisen Eingang zu verschaffen, so würde ich mich für dieselbe reichlich belohnt fühlen. Sobald man erst allgemein einig darüber ist, daß eine Reform vorgenommen werden muß, wird man sich auch leichter über die Wege, welche die Reform nehmen soll, verständigen können.

Die erste Session des neugewählten Reichstags ist so reich an positiver gesetzgeberischer Arbeit gewesen, daß man die Hoffnung aussprechen darf, es werde sich im ferneren Verlaufe dieser Legislatur-Periode die Zeit finden, auch Hand anzulegen an die so dringend notwendige Reform unseres Strafen- und Gefängniswesens. Die wirkungsvolle Bekämpfung des Verbrechertums ist eine der wichtigsten, aber freilich auch schwierigsten sozialen Aufgaben. Man hat das Verbrechen treffend als eine Krankheit am gesellschaftlichen Organismus bezeichnet. Die Frage, wie es möglich ist, aus der Armee der Verbrecher, welche dem Gemeinwesen unermeßlichen Schaden zufügen, nützliche Glieder der bürgerlichen Gesellschaft zu machen, und wie dies möglich ist, ohne durch die zur Anwendung gebrachten Mittel selbst wiederum das Gemeinwesen erheblich zu schädigen, das ist eine Frage von der allergrößten Bedeutung.

Aber, wer das Verbrechen als eine soziale Erscheinung ansieht, der muß auch daran erinnern, daß die Strafe, wie immer sie beschaffen sein mag, kein Radikalmittel gegen die Begehung von Verbrechen abgibt, sondern daß es der werkthätigen Mitwirkung der Gesellschaft bedarf, um zu dem erstrebten Ziele der Ver-

[42]) Erst während des Lesens der Korrekturbogen ist mir das neue, von Professor Dr. von Holtzendorff und Dr. von Jagemann herausgegebene „Handbuch des Gefängniswesens Hamburg 1888“ bekannt geworden. Eine Benutzung dieses umfangreichen Werkes für die vorstehende Abhandlung war nicht mehr möglich.

minderung der Verbrechen zu gelangen. Eine gute Armenpflege wird Tausende von der Versuchung, ein Verbrechen zu begehen, fernhalten; durch die segensreiche Thätigkeit gut geleiteter Vereine zur Fürsorge für Strafentlassene können Tausende veranlaßt werden, von weiterem Kampfe gegen die Interessen der Gesellschaft abzustehen!

Druck von Leonhard Simion in Berlin SW.

FSC
www.fsc.org
MIX
Papier | Fördert gute Waldnutzung
FSC® C083411

Kolibri 360 GmbH
Ferdinand-Jühlke-Straße 7
99095 Erfurt, Deutschland
produktsicherheit@kolibri360.de